新 一 代 人 的 思 想

历史上的大帝国

2000年暴力与和平的全球简史

BRÈVE HISTOIRE DES EMPIRES

Comment ils surgissent, comment ils s'effondrent

GABRIEL MARTINEZ-GROS

[法] 加布里埃尔·马丁内斯-格罗斯______著

陈煦______译　常绍民______校译

中信出版集团 | 北京

图书在版编目（CIP）数据

历史上的大帝国：2000年暴力与和平的全球简史/（法）加布里埃尔·马丁内斯-格罗斯著；陈煦译. -- 北京：中信出版社，2020.8

ISBN 978-7-5217-1436-4

Ⅰ.①历… Ⅱ.①加… ②陈… Ⅲ.①世界史 Ⅳ.①K1

中国版本图书馆CIP数据核字（2020）第022398号

历史上的大帝国：2000年暴力与和平的全球简史

著　　者：[法]加布里埃尔·马丁内斯-格罗斯

译　　者：陈　煦

校 译 者：常绍民

出版发行：中信出版集团股份有限公司

（北京市朝阳区惠新东街甲4号富盛大厦2座　邮编　100029）

承 印 者：北京盛通印刷股份有限公司

开　　本：787mm×1092mm　1/32　　印　　张：8.75　　字　　数：120千字

版　　次：2020年8月第1版　　印　　次：2020年8月第1次印刷

京权图字：01-2015-0494

书　　号：ISBN 978-7-5217-1436-4

定　　价：58.00元

中译本序

《历史上的大帝国：2000年暴力与和平的全球简史》一书是法国当代著名中世纪伊斯兰史专家加布里埃尔·马丁内斯-格罗斯的一部颇有分量的新著。马丁内斯-格罗斯现为巴黎第十大学历史学教授，被认为是法国最熟悉中世纪阿拉伯文化和历史的一位专家，曾与卢塞特·瓦伦西（Lucette Valensi）一同长期主持“伊斯兰与穆斯林世界社会研究院”，在卢浮宫开设“柏柏尔王朝与摩纳哥帝国（11—13世纪）”课程。除本书外，他还著有《伊斯兰圣战的吸引力》（2016）、《伊斯兰主义的热情与和平的失败》（2016）等。

作为一位出生于北非（1950年1月23日生于阿尔及利亚奥朗）的专家，马丁内斯-格罗斯对同样出生于北非马格里布地区的伟大历史学家伊本·赫勒敦尤感

赫勒敦塑像（立在突尼斯首都突尼斯城最繁华的布尔基巴大街上。图片由黄培昭先生提供）

兴趣，也受到赫勒敦学说的很大影响。《历史上的大帝国》一书的创作灵感就直接来源于赫勒敦的思想。赫勒敦 1332 年出生于突尼斯，全名艾布·阿卜杜勒·拉赫曼·伊本·赫勒敦。自幼从父学习《古兰经》，后又入当地著名的宗教学府宰桐清真大寺（Jami ʻal-Zaytun）学习圣训、伊斯兰教义、阿拉伯文、诗歌和哲学等知识。他青年入仕，饱经宦海沉浮，曾任首相，为大征服者帖木儿的座上宾，在北非各地和伊斯兰教力量控制下的安达卢西亚活跃一时。中年时代潜心于学术，晚年在埃及著名的爱资哈尔大学（Al-Azhar University）任教，多次出任埃及大法官。1406年逝世于开罗。赫勒敦可以说是那一时代阿拉伯世界最伟大的学者，世界其他地区，无论东方的中国、印度，还是西方的欧洲，鲜有人可以与他匹敌。

赫勒敦一生著述颇丰，其著作内容涉及教义、逻辑学、数学、诗歌和哲学等，惜均已失传。现在流传在世的主要是他的一部多卷本历史著作，这也是他最为人看重的著作，“由于这部书包括了阿拉伯和柏柏尔人的历史，包括了城镇居民和沙漠游牧民的历史，还包括了与他们同时代的大国的历史，详细阐述了这些情况是如何开始的，后来又发生了什么事情，有哪些值得记住的教训，所以我给这部书起名为‘阿拉伯人、外国人、柏柏尔人及其同时代大国的历史殷鉴和始末集成’”[①]，一般简称为《殷鉴书》或《历史纲要》。全书三部七卷，其中最重要、现在看依然具有重大价值的是第一卷，一般称为《历史绪论》。“在这本书中，我把它们（人类社会的发展）分为六章，分别加以详细阐述：一、人类社会文明、种类和位置；二、沙漠游牧社会文明、部落及

① 伊本·赫勒敦著、李振忠译：《历史绪论》，宁夏人民出版社2016年版，第9页。《阿拉伯人、外国人、柏柏尔人及其同时代大国的历史殷鉴和始末集成》，一般译作《阿拉伯人、波斯人、柏柏尔人历史的殷鉴和原委》。

突尼斯新出版的《赫勒敦传记》书影（图片由黄培昭先生提供）

野蛮民族；三、王朝、哈里发、权力及其等级；四、城市社会文明、国家及地区；五、工艺、生活与谋生之路；六、知识学科、未知与学习。”[①] 除阐述其治史方法外，赫勒敦的这部巨著实际上以国家的兴衰存亡为研究重点。《历史上的大帝国》实际上围绕着赫勒敦的国家兴衰学说展开，用作者马丁内斯 - 格罗斯自己的话说，就是“2 000 年来，人类一半以上的经历就像是伊本 · 赫勒敦归纳理论的实证”。“实际上，在伊本 · 赫勒敦详细

① 伊本 · 赫勒敦著、李振忠译：《历史绪论》，第 55 页。

阐释的历史和国家的理论中，他描述了我名之为‘帝国时代’的概念，这个时代包含了一个人类发展史上的重要阶段（还包含原始文献资料），即我们所处的时代和工业革命之前的最后几个世纪。”因此，他的这本书即《历史上的大帝国》讲述的也是帝国的历史。

正如本书法文版原副标题所示，《历史上的大帝国》围绕着一条鲜明的主线讲述人类 2 000 余年的历史和遥远的人类文明，即帝国如何诞生，如何消亡，以及为什么消亡。概括起来，全书的基本思想是，一个地区繁荣到一定程度就会诞生帝国。帝国化或文明化就是解除臣民的武装，勒令他们从事生产劳动，同时对他们进行教化，使之变得温顺有礼。把这些人解除武装，使之变得懒散和无所事事，目的在于便于统治、奴役他们，消除他们可能给帝国带来的威胁。因此，他们可以去追逐财富和荣华富贵，但绝不能拥有武装。解除暴力就必然意味着在帝国内部推行非暴力化，这样才能保证生产活动、物质交换和文化艺术等高雅文化在国家内部正常进行。但与此同时，帝国又离不开暴力。固然，在有的帝国，诸如大清帝国，可以通过强行把臣民分为从事生产、艺术活动的人群与武装人群（八旗）两类来维持帝国的运转，但这种做法无法长期维系。更普遍的情况是，国家到其他的地方去寻找这种它不得不保有的暴力，这个地方位于它的边境地带，那里部落群集。部落成员不在国家的管控之下，因此也没有被解除武装。边境部落保有暴力是境内臣民被解除武装的后果。正是非暴力创造出了暴力。帝国通过慷慨的承诺吸引强大的蛮族战士归顺自己，为自己汇聚新的暴力。不过对帝国而言这些蛮族往往也是一剂毒药，因为后者最后挥戈相向的时常是帝国毫无防备、供给丰厚、富饶充足的中心，那些靠生产和商业为生的人在军事上无法与这些嗜血成性的武士抗衡，无力守住疆界，结果只能是帝国的灭亡。新兴国家或帝国通常会面临类似的问题，同样难逃覆灭的命运。马丁内斯－格罗斯通过对欧、亚、非三大洲 2 000 多年间各大帝国的分析，深化了 800 年前赫勒敦的精彩学说。

赫勒敦认为，一个帝国或王朝和人一样是有寿命的。“一个王朝的年龄在多数情况下，超不过三代人的年龄，因为第一代人仍然保留着沙漠游牧人粗犷野蛮的性格，这是由于沙漠中艰难的生活环境形成的。……第二代人情况发生了变化，因为他们有了权力，艰难的沙漠生活变成了富裕的城市生活。当初，大家齐心协力争取荣誉，现在变成了一个人说了算，独断专行，其他人也变得懒散，不再拼搏。当初的积极上进，变成了现在的消极颓废，**族亲意识**受到了破坏，人们甘心接受屈辱和顺从。但是，他们中的许多人有过第一代的经历，了解第一代人的情况，亲眼看到他们为了夺取荣誉是如何进行坚忍不拔的奋斗，他们是如何誓死保卫自己的家园的。他们仍抱着希望恢复第一代人时的情况，或者他们认为这些情况是存在的。第三代人完全忘记了沙漠中那种艰难、粗犷的生活，好像它就没有存在过。他们失去了尊严和**族亲意识**带给他们的甜蜜，也失去了昔日的威严。但是，他们的奢侈却达到了顶点，享尽了富裕生活带来的乐趣，最后成了国家的负担，像妇女儿童一样需要别人来保护他们。**族亲意识**完全丧失了，战斗的激情、自卫的能力和积极进取的精神也没有了。……外援越来越多，王朝得到了暂时的安全，直到有一天，安拉会使它毁灭，王朝的一切全都结束了。"[①]引文中的"族亲意识"一词是一个阿拉伯概念，原文为"asabiya"，意思是指将组成部落社会的个体集合起来的一种力量。不过，在《历史上的大帝国》中，除特别情况下，一般把此词音译成"阿萨比亚"，意在保留该词词义的丰富性。"阿萨比亚"可以说是赫勒敦历史理论中一个核心概念，《历史绪论》第二章"游牧文明、野蛮民族、部落社会"很多地方都讲到它，视之为文明兴衰存亡的一个要素。

赫勒敦认为，一个帝国或王朝基本上要经过五个阶

① 伊本·赫勒敦著、李振忠译：《历史绪论》，第220页。

段：第一个阶段是夺取政权的阶段，要战胜所有对手和反对者，从前朝当权者手中夺取政权并牢牢控制政权。在这个阶段，夺权的家族内部成员之间是平等的。“这是由阿萨比亚决定的。……如果一个人的阿萨比亚不能压倒其他所有的阿萨比亚，他的能力压制不住其他人的力量，在他上边还有比他更强的人，那么，他也是一个不完整的国王，他的王权的真实本质也不完整。”第二个阶段是当权者对族人进行专制独裁的统治阶段。为了压制族人企图分享权力的欲望，他们大量使用外族人。这么做也就预示着国家要毁灭，是王朝得了慢性病的一个症状。因为阿萨比亚遭到了破坏，而当初，他是依靠阿萨比亚才取得政权的。“没有阿萨比亚的支持，他将一事无成。”第三个阶段是休闲和享乐的阶段，为了享乐，当权者尽量扩大税收，修造豪华的住宅、高大的殿堂和各种工艺作坊，扩展国家的疆土，热情款待各国的和各部落的贵族代表团等等。“这种慷慨大方的效果，在盛大庆祝活动时就可以表现出来。”第四个阶段是满足于现状的和平时期。第五个阶段是挥霍和浪费阶段。当权者的这种做法大大伤害了本族中的绅士和王朝早期的追随者，在他们心中种下了仇恨，他们憎恨当权者，不再支持他。当权者的做法也使他失去了军队的支持。“就这样，当权者破坏了先辈们创建的荣誉，摧毁了他们树立的业绩，王朝到了暮年得了不治之症，再也无法治愈，直到完全毁灭。”而这一切，都与他失去阿萨比亚有很大关系。[1]马丁内斯－格罗斯在《历史上的大帝国》中也一而再、再而三地借用“阿萨比亚”这一概念，把它视为解读帝国兴衰的密码之一。他同样认为，“定居社会的职能和主权政治的意图相一致，都是为了歼灭部落的阿萨比亚（团结的力量）”。两到三代，也就是100年到120年，就足以让最初的阿萨比亚消失殆尽，这样帝国也就难以维系。

当然，《历史上的大帝国》也大量涉及赫勒敦不可能论及的问题。在剖析东西方不同历史时期帝国的共性和特点的同时，作者特别强调了西方社会的特殊性，即西方在中世纪以后的很长时间里与赫勒敦的模式相背离。帝国时期的罗马、拜占庭、中国以及伊斯兰帝国都符合赫勒敦的理论范式。即使在11世纪之后伊斯兰世界不再是一个帝国的时候，每一个信仰伊斯兰教的国家，不管面积有多小，都会依然保留帝国的架构：一个首都，一块提供食物的土地（或者一种提供食物的贸易活动），以及不受管辖的一群部落或一片领地。直到10世纪，欧洲中世纪早期的情况在很大程度上仍与赫勒敦的理论相合：人口稀少，没有大型城市，各群体割据一

① 参见伊本·赫勒敦著、李振忠译：《历史绪论》，第227页。

方，各地区自成一体的现象严重。但在这一时期之后，欧洲的历史呈现的是另一种让人难以想象的面貌，不再具有部落社会的特征：11 世纪至 13 世纪涌现了不少人口众多的城市，它们摆脱了中央集权的专制国家施加的种种限制，不再受到税收等帝国要素的束缚。欧洲精英们不再把暴力职能让给来自边境的“蛮族”，不再把暴力职能与生产职能严格区分开来。正是同样的一批贵族、同样的一些家族，有时是同样的人，主导着教会和国家、思想和战争、笔墨和武器。以塞万提斯为例，他既是勒班陀战役时的年轻士兵，又是老到的天才作家，西方世界共同追崇的这类典范在伊斯兰世界或者中国非常罕见。生产者和从事暴力的战士之间的分野在西方成了表面现象。在欧洲，即使是最“专制”的国家，也没有让从事生产的人民完全解除武装，也没有完全禁止或根除劳动大众的暴力。所有的欧洲国家，甚至是最落后的国家（俄国、奥匈帝国、奥斯曼帝国），在 19 世纪都建立起了服兵役的制度，即拥有一种让人民广泛地配备武装的制度。按同一时代法国著名思想家托克维尔对民主的理解，欧洲所有的国家在这时都变成了“民主政体”，也就是人民大众的政体。吊诡的是，解除贵族的武装，也就是说解除西方君主最初的阿萨比亚的武装，是欧洲国家 16—18 世纪最主要的任务。这个时期属于托克维尔所说的旧制度。托氏没有读过赫勒敦的著作，但他在《旧制度与大革命》一书中对法国大革命的解剖，不少地方与伊本·赫勒敦的思想不谋而合，比如他认为 14 世纪税收制度建立后法国君主从物质上和精神上对贵族进行打压，这些措施最终导致君主制在大革命中失去支持，终至覆灭。马丁内斯-格罗斯对西方道路独特性的这种阐释，无疑会引起争论，但也引人深思。

需要特别指出的是，《历史上的大帝国》有大量篇幅涉及中国。赫勒敦的理论范式主要以伊斯兰世界为基础，马丁内斯-格罗斯最熟悉的也是这一领域，因而有关阿拉伯世界的论述自然在书中占有重要地位。不过书中关于中国的内容分量很重，甚至比阿拉伯方面的内容还要多。原因很简单，在赫勒敦意义上的帝国时代，中国文化应该是延续时间最长、内容最丰富的。同时，论述这种帝国史，要大量涉及沙漠文明，尤其是游牧文明，中国史籍在这方面的记载可谓宏富。另外，历史上中华帝国的特点也比较符合赫勒敦的理论范式。虽然马丁内斯-格罗斯不熟悉中国历史，但法国学界在这方面有深厚的传统，可资利用的著述甚多。可以看得出来，他大量利用了法国赫赫有名的汉学家谢和耐和东方学家勒内·格鲁塞等人的研究成果。当然，至少就有关中国历史的内容来讲，本书存在着不少错误，这也是汉学家们的通病。比如，书中关于中国历史上一些王朝存在时间、事件发生的年代的表述上，时有与我们常见的说法不一致之处；对不少历史事件的理解，与我们的习见多有不同，其中不少在国人看来甚至不无荒诞。但是，对于一部引进著作，我们更多地应看到其启发意义，他山之石可以攻玉是也。

以此而论，本书关于中国的论述有不少地方具有启迪作用。首先，它让我们可以重新认识赫勒敦及其学说，客观地讲，对于这么一位具有原创性的学者，国内研究不多，认识甚浅。赫勒敦的理论，对于深化我们的史学研究，在我看来不无意义。其次，作者的一些具体论述，有助于我们从全球史的角度重新审视我国历史上的一些事件和人物。比如，该书指出，在东汉当权者统治下，公元 73—94 年，东汉军队在西域占领了塔里木盆地。这次伟大的扩张既是为了确保帝国对通往印度、伊朗贸易之路的掌控，也是为了寻找新的阿萨比亚以暂时缓和匈奴衰落的问题。又如，在 600 年间（约公元 400—1000 年），佛教成了亚洲大部分地区尤其是中国压倒性的宗教。在古代中国出现的一个奇妙现象是，蛮族出身的战士进行世俗政治统治，而在精神上皈依这种极端反对战争的宗教。马丁内斯－格罗斯认为："现实的这种矛盾合乎逻辑，它是帝国机制区分暴力职能和文明职能的结果。”后来佛教在中国遭到排斥，衰落下去，其原因不在于佛教教义，“而是佛教在国家中的位置决定了佛教在中国的命运。在当时的中国，同时成为文人的和战士的宗教是不可能的，因为没有任何东西能够将文人和战士团结起来，虽然这二者对于国家利益来说同样必要”。

再如，公元751年，中国唐朝和阿拉伯帝国之间在葱岭爆发的怛罗斯战役，我国学者关注不多，少有研究，且仅视之为一场遭遇战，不认为它具有什么特别意义。马丁内斯－格罗斯则认为，人们大大低估了这一战役的重要性，虽然它在地缘政治学方面造成的后果乍看十分微小，但其象征意义和现实意义一样重要。“这场战役的后果之一就是伊斯兰教在一定时间内占据了突厥草原最主要的部分，保证其拥有旧世界最好的战士，并通过战役带来的取之不尽的暴力储备成为一个典型的帝国。另一方面，在400多年的时间里（直到元朝），中国丧失了强大的阿萨比亚。公元1000—1250年，中国经济的卓越发展可能是怛罗斯战役的后果之一。”诸如此类，我们不妨批判性地吸纳，化为已用。

对于《历史上的大帝国》，亚马逊法文版上一位读者这样评价：“我热烈推荐这本书，它既厚重又小巧，既适于专业学者，又同样适合清醒的爱好者或者热情的初学者。每个人都会从中找到滋养自己思想的东西。”这位读者的评价应该说非常到位、准确。所谓小巧，是指它的篇幅，仅有区区十余万字，确实如同法文原名（《帝国简史：它如何兴起，如何衰亡》）所说，是一部“简史”。所谓厚重，是指它谈论的话题非常庞大，涉及面广，时间跨度长。简约而不失深刻，耐读且富于启发性，窃以为，这也是这部书引进出版的意义所在。

常绍民

2020 年 7 月 8 日

目录

中译本序（常绍民）/ I

导　言 / 001

008 / **伊本·赫勒敦与帝国的和平主义**

012 / 一种经济理论

021 / 伊本·赫勒敦的理论不适用于西方

027 / **帝国的两千年**

027 / 有人定居的大河流域

030 / 多民族混居的帝国

035 / 帝国的孤独寂寞

第一章　帝国的诞生与奠基（公元前400—公元200年）/ 047

048 / 亚述利亚

052 / 阿契美尼德王朝治下的波斯

057 / 希腊人，胜利的蛮族

060 / 亚历山大大帝和希腊化世界

063 / 罗马

072 / 汉代的中国

第二章　思想上对暴力的排斥（200—750 年）/ 079

081 / **帝国的中断**

082 / 流行病

085 / 快速富裕

087 / 罗马帝国难以逾越的障碍

091 / 中国地方化的波澜

093 / **意识形态去军事化**

095 / 唐：真正的华夏王朝

098 / 怛罗斯战役及与突厥人的分离

101 / 罗马帝国的覆灭

103 / **佛教和基督教致使帝国衰弱？**

105 / 拜占庭帝国和伊斯兰教的斗争

109 / 中国国家政权对佛教的排斥

第三章　吸纳了突厥武力的伊斯兰世界（750—1200 年）/ 113

113 / 伊斯兰世界，动荡不安的部落力量

116 / 混乱的阿拔斯帝国（750—1000 年）

119 / 突厥人的鼎盛与衰落（1000—1200 年）

125 / 唐朝（750—900 年）的终结

129 / 宋朝（960—1276 年）的奇迹

第四章　蒙古人、鼠疫和中东的衰落（1200—1500年）/ 135

137 / 蒙古人统治下的中国（1215—1368年）

141 / 作为伊斯兰国家的帖木儿帝国

145 / 帖木儿帝国进行的预防性根除手段

146 / 印度，伊斯兰教的征服历程（1200—1400年）

151 / 明代（1368—1644年）的中国

155 / 日本海盗时期

第五章　帝国治下的印度、中国和英国（1500—1800年）/ 161

163 / 印度的军事根基：阿富汗人、突厥人、伊朗人、拉杰普特人

171 / 阿克巴与奥朗则布的对比

176 / 莫卧儿帝国：财富的流通

182 / 东印度公司，最后的伊斯兰帝国

188 / 帝国文化分裂的平衡：清代的中国

结　语 / 197

204 / 与其他帝国相比，伊斯兰国家是否更少排斥暴力？

212 / 伊斯兰国家，完美的帝制。或伊本·赫勒敦的理论诞生于伊斯兰国家的原因

218 / 那些我们未谈及的人

220 / 欧洲情况如何呢?

225 / 混乱与法律

233 / 何处再寻马克斯·韦伯

237 / 定居的世界

239 / 城市化、教育化、老龄化

244 / 全球化、全球定居化

248 / 帝国的复辟?

250 / 对伊斯兰运动现状的思考

致 谢 / 255

导　言

本书的灵感来源于伊本·赫勒敦（1332—1406年）的思想。从某些方面来看，他生活的时代同我们的时代有相似之处。那个时代是帝国的天下，当时帝国的都城也许比现代都城在规模上要小许多，但其扩张性看起来并不因此逊色于后者。都城在臣服于它的广大地域施行的政治和财政控制，令人生畏；都城统治带来的结果非常完美，而且它们成功地保障了老弱病残、鳏寡孤独者的生存条件，这些都令人称奇。那个时代世界同样是由有规章制度、讲文明的城市构成的，世界从暴力中自我解放出来，在专制政府的威望下保持安定，但也为此受到无休止的财政问题的困扰，且不堪重负。

这些情形如此相似，因此人们或许会忘了古今两者之间根本性的差异。和平是帝国社会的核心，正如和平是当今社会的核心一样。对我们而言，和平来之不易，我们通过人道主义的斗争获得了和平。或者换一种更好的说法：众所周知，人类都爱好和平，这种本性与社会组织之间最终达成了一致，这就是和平。在我们看来，至少在世界上某些幸运的地区，正义而温和的人们进行的政治斗争的结果，最终超越了数千年间社会机制下暴力压迫带来的不幸。和平让人类回到亚当夏娃犯错以前的伊甸园。那个时候暴力是一种离经叛道，或者说是一种罪恶，与人类的道德本性相悖。我们的英雄是牧师，是教士皮埃尔（Pierre），或者是马丁·路德·金（Martin Luther King）……

伊本·赫勒敦对和平的看法与我们相反。也许和平是一笔珍贵的财富，因为它能够让人们生活富足，令人精神放松，让知识得以传播。但它的代价是让人类天生残忍的性格撤防，是在实行绥靖政策的国家权力下丧失英雄气概。这就是悲剧之所在。和平就是在这样的条件下产生了无法避免的结果：当绝大多数人在物质上和道德思想上都无能为力时，极少数人用暴力统治国家，控制绝大多数人，就成为必要。民众能感受到由此带来的甜蜜生活，国家精英和有文化的人也不例外；形成鲜明对照的是，这意味着那些带来这种甜蜜生活的极少数人极端残暴。和平其实是一种暴政的结果。

如此不同的想法带来的冲击对历史学家来说却是一种神奇的意外收获，因为，思考一下，这种想法确实能展现出不一样的时代和一种不一样的历史，只要我们抛开自己曾确信无疑的成见。然而不幸的是，这种不一样的历史广阔无边。实际上，在伊本·赫勒敦详细阐释历史和国家的理论中，他描述了我名之为“帝国时代”的概念，这个时代包含了一个人类发展史上的重要阶段（还包含原始文献资料），即我们所处的时代和工业革命之前的最后几个世纪。2 000 年来，人类一半以上的经历就像是伊本·赫勒敦归纳理论的实证。而在所有的伊斯兰历史学家或中世纪的历史学家中，只有伊本·赫勒敦提出了这个概念。而我正是要把本书敬献给这位难得的天才，因此，本书讲述的是帝国的历史；或者，更确切地说，它本应该是一本讲述帝国历史的书，但限于篇幅以及我个人的能力，我把本书的主题限定为探讨我们当今时代不同于帝国时代的最根本原因，也就是说，正如我们刚才看到的，它们施行和平与暴力的方式。

伊本·赫勒敦 1332 年出身于突尼斯的一个安达卢西亚大家族。这个大家族有着也门血统，因基督教“再征服运动”被逐出了西班牙。就像好几个世代以来的先辈一样，伊本·赫勒敦作为秘书、使节、大臣为马格里布（Maghreb）的王子们服务，直到45岁。当时他猝然终结了自己的政治生涯，致力于一部通史的写作——《殷鉴书》[①]。该书著名的绪论部分《历史绪论》（*Muqaddima*）讲述了国家和社会形成与灭亡的规律。1382年，伊本·赫勒敦定居开罗。从那时开始到1406年去世，他一直在写作，让这种对于人类文明极具原创性的解读流传了下来。

如今伊本·赫勒敦被公认为中世纪和伊斯兰世界最伟大的历史学家。这不是因为他像实证主义历史学家希望的那样提供了许多新的文献资料，恰恰相反，在涉及3世纪至6世纪伊斯兰帝国鼎盛时期的古老事件时，他依据的是前人的编年史。但是他对于这些材料进行了删减，将它们进行新的排列组合，使之呈现出在他之前闻所未闻的惊人视角和历史景观。在《历史绪论》中，他在政治著述、社会力量的发展、经济生产和文化生产之间建立起来的联系，在启蒙时代和19世纪的欧洲思潮涌现之前是史无前例的。

① 《殷鉴书》（*Kitâb al-ibar*），全称为《阿拉伯人、波斯人、柏柏尔人历史的殷鉴和原委》，是伊本·赫勒敦最重要的历史著作，反映了当时那个时代真实的现状。时至今日，该书仍是研究柏柏尔人的主要参考书，受到世界各国阿拉伯史学者的重视。该书分为3部7卷：《历史绪论》1卷、《阿拉伯人历史》3卷和《柏柏尔人、扎那特人历史》3卷。其中，《历史绪论》和有关柏柏尔人历史的部分对后世贡献最为巨大。——校译者注

确切地说，作为研究历史和权力的哲学大家，伊本·赫勒敦是唯一一位非欧裔人士，而其他所有人，包括修昔底德、波利比阿、马基雅维利、孟德斯鸠、马克思以及托克维尔，都属于或依附于西方世界。称颂阿拉伯时代安达卢西亚的精美典雅和中世纪伊斯兰世界的荣华在今天已经是很普遍的现象。可惜的是，人们在说起它时总是无法摆脱所谓政治正确的空洞修辞。而现在，一个真正的挑战摆在人们面前，这就是一个终将无比真实的安达卢西亚神话，一位具有绝无仅有气魄的阿拉伯思想家。我们能够看重他，倾听他说话，借助他思想的光芒去读懂我们自己的这个社会吗？西方世界能够中止自己专断的话语，去倾听另一种声音，一种将其视为根据的声音吗？是否有一刹那，西方世界能够考虑到自己并非在任何时间、任何地点都是人类奇遇的共同主题？西方世界是否能够暂时放下阐释历史的责任，而倾听一下这来自遥远的伊斯兰世界的声音？正如我们将会看到的，它遥远却又惊人地亲切。

这无疑就是本书的重中之重。第二个关键点是让人们接受我自己大胆的冒险，允许我大胆地越过自己熟悉的领域。人们会发现，下面这些篇幅不算长的文字却类似于一部世界简史。这就获得了一种自由，而通常情况下历史学家不会允许享有这种自由。[①] 这里我将再一次以伊本·赫勒敦为依据。伊本·赫勒敦写作是为了什么呢？我们总是把伊本·赫勒敦与马基雅维利进行比较：马基雅维利写作是为了重新掌握权力，或者制定一些规则以便于行使权力；伊本·赫勒敦写作是因为他已经离开了权力，而且没有打算再回去。他说，自己当时受到了“启迪”，正是在他离开政坛的那天，得出了对政治游戏的残酷认识。他演完这出戏后，人们断言，他在他们看来不是明智的执政者；对于现实的不解和否认是权力耗损和丢失以及掌权者逐渐失势和最终失败的运作机制的一部分。与之相反，尚未放弃权力和行动的人不具有清醒的头脑。毫无疑问，伊本·赫勒敦属于历史上富有洞见的失败者，雷蒙·阿隆把克劳塞维茨、马基雅维利和托克维尔都列为此类。然而，伊本·赫勒敦与其他所有人不同的地方在于，他不会给自己的思想赋予一个计划好的图景，一种政治的考量。

① 研究这些时代和世界上这些地区的专家们会原谅我的某些错误和含糊之处，因为过少的文献资料使得这些失误不可避免。本书的宗旨仅在于促进他们自己的研究，因为要深入进行这些研究，就必须掌握相关的语言与文化知识。对于伊斯兰世界来说，反对意见也有同样的价值。我对伊斯兰世界了解得更多些，但其极度丰富的多样性也使得人们很难走进它。而且，显而易见，伊本·赫勒敦著述的体系有些地方不够均衡，正如我们将要看到的，相对而言，他的学说对同时期伊斯兰王朝统治下的印度更适用，而对 16—18 世纪的奥斯曼帝国则不那么适用。——作者注（下文如无特殊说明者，均为作者注）

但是，政治真相只掌握在那些已经放弃利用它或那些并不具备政治能力运用它的人手中，这又有何用呢？对于这个问题，我只有一个答案：伊本·赫勒敦撰写历史著述的目的是看透上帝的用意。尽管《殷鉴书》采用了一整套理性主义的推理方法，它实际上是一部关于末世论的著作，一部探究逼近的世界末日的著作。在这部书中，所有的文字唤起的是对死尸成堆的杀戮的恐惧：当然首先是鼠疫，它会始终如一地伴随伊本·赫勒敦的一生，从突尼斯（他父亲在突尼斯患鼠疫而死）到开罗（他临终时开罗遭到鼠疫的蹂躏）；帖木儿帝国（Timourides）及其尸骨遍野的山头，在蒙古人的大屠杀过后一个世纪暂时的平静（人们曾以为平静将会持续）中再生出植被；伟大的民族因政治而灭亡，今天是柏柏尔人，明天可能就是土耳其人（突厥人）。自诺亚以来，已过去了 2 000 年：第一个千年是犹太教的千年，从亚伯拉罕到神殿被毁；第二个千年是罗马和基督教的千年，从神殿重建到穆罕默德。第三个千年很有可能是最后一个千年，是伊斯兰教的千年，而它即将结束。伊本·赫勒敦重述了世界历史，就好像上帝在今后不久的审判日也会这般为世界做总结一样。

我既没有如此的雄心壮志，也没有这样的灵感，而且生活的时代更不富有戏剧性。但是相反，我决定要让自己触碰到这些人类历史上巨大裂隙的边缘，这些巨大的裂隙打乱了人类历史的进程，无论好与坏。我们所谓的“现代历史”已经伴随着工业革命和政治革命行进了两个世纪，并在我们眼前完结。在“现代历史”完结产生的各种后果之中，有两个比较有利的后果使得写作本书成为可能：第一个是伊本·赫勒敦重新找回了一种合情合理的写作，而一般情况下，西方历史，尤其是最近两个世纪的现代历史，不容他如此写作。第二个与第一个有关，它指的是我们出生的这一“现代”时代陷于衰竭，其得失输赢、其斗争的消失以及其话语的衰退也是一种“揭示”（用希腊语说），是一种“世界末日论”。这种揭示给予我们疲惫的眼睛一种新的视角，可以借此来探索历史的奥妙。在探索研究结束的时候，我希望我们能对我们这个现代社会具备的一切不同寻常的也可能是昙花一现的东西做出评估或考量。

伊本·赫勒敦与帝国的和平主义

> 对外诉诸强制手段下的纯粹暴力，对内也是这样，这甚至是所有政治集团的本质。更进一步讲，这种暴力实际上，用我们的术语说，就是一个政治集团。（国家是一个要求独占**合法暴力**的集团，不

能以别的方式来定义它。）

这大概就是马克斯·韦伯（Max Weber）著作中最著名的三句话。[①] 最后一句话中关于国家的表述“独占合法暴力”被广泛引用。这句话在 1920 年作者去世前几个月的第二版中出现了。岁月的磨砺让马克斯·韦伯在第二版中清晰地表达出了自己的思想，我们也许能够发现其中回荡着他这样一位热情的爱国者不断重申的信念，即德国（被打败、被羞辱的德国）事业的正义性。

当我们准备得更充分时，我们将会回到这段文字，并回到这段文字所属的《宗教社会学》的那一章。目前我们这样来理解这段文字：国家的本质，从定义上讲，就是暴力，而且当国家自身拥有权力时是合法的暴力，“对外”尤其是这样。这也就是说，当国家遭遇其控制之外的地区，到了它守卫或拓展自身的边疆之处时，靠的是牺牲毗邻的或敌对的国家来实行“对外”的合法暴力。这种国家观念诞生于现代欧洲。如今它依然在法学指南中占据上风，在政治演说中则不那么明显，因为政治演说对于宣称暴力和战争的合法性越来越犹疑不决。大多数现代人会在其中看到时代进步的标志，即人道主

① Max Weber, *Sociologie des religions*（马克斯·韦伯：《宗教社会学》），Jean-Pierre Grossein 翻译并阐述（Paris, Gallimard, 1996），第 425 页（“间接的考虑”）。马克斯·韦伯本人给“合法暴力”加了着重号。

义占了主导地位，它叩问良知，而且也许第一次在人类历史中抵挡住了武器。无论如何在最后一点上，大部分人都搞错了。历史上众多的伟大帝国看待自己的暴力时都睁一只眼闭一只眼。[①] 它们的部长大臣或许会向马克斯·韦伯承认，没有一定程度的纯粹的暴力，就不可能有政治权力；为了把蛮族赶出帝国的领土，同样也为了平定臣民的骚乱，使用暴力也是有必要的。但是恰如今天的政客们，他们更多的人会犹豫不决，迟迟不宣布这种暴力是合法的，而他们自己却热衷于从狭义上定义这种暴力，即为暴力划定界限，限制暴力，让暴力囿于帝国的躯壳之中，区分种族和语言异化的征兆使暴力远离大众，把暴力囿于皇宫或者军营之中，将暴力严格地限制在边境地带。他们本来会承认自己害怕麾下士兵的威胁，会坦白自己竭尽全力想暗中破坏被认为用于保卫国家的兵力，以及向部队灌输种族之间的不信任，意在进一步确保军人不会全体一致地爆发起义。[②] 总而言之，

① 人们一下子就更愿意看到“帝国”这个词而不是“国家”。从词根上讲“国家”的语义“*stare*”是“存在并延续”，这意味着国家本质上是保守主义的，这种保守主义禁止人们去思考与“帝国”这个词原本有自然关联的历史进程。伊本·赫勒敦用“*mulk*”来指代权力，即潜在的国家，而用“*dawla*”来指代王朝，即执政的国家，诞生而后覆灭的国家。

② “一个军队应当由‘*ablaq*’——不同颜色的石头，即由来自不同种族的士兵构成。”塞尔柱帝国的维齐尔（大臣）尼扎姆·穆勒克（Nizam al-Mulk，1092 年去世）在他的《政治论》（*Siyasatnameh*）中这样说道。中世纪时伊斯兰世界众多重大的政治危机是由种族之间的冲突引发的，这些种族组成了（转下页）

帝国相当地怀疑自己的军队，于是常常冒着自己可能就此灭亡的危险，下决心要摧毁它。

最后要强调的是，这些帝国的奴仆可能不会想到军队是注定要“对外”扩展疆界的，如马克斯·韦伯所说，疆界以外只住着蛮族，即人口稀少、贫穷而好战的部落，对这些部落的侵略显得代价高昂而收益甚微。伊本·赫勒敦如此清楚地抓住了帝国的本质。帝国要捍卫自己的成果，它的进攻只是为了远离危险，解散自发组成的反对自己的部族联盟。而更为常见的现象是，帝国通过慷慨的承诺吸引强大的蛮族战士归顺自己，汇聚新的暴力萌发的活力。相反，因为帝国经常吞下它需要的蛮族这一毒药，并不知道蛮族暴力的箭头指向的是它本身，从它的边境指向它的毫无防备、供给丰厚、富足的中心。帝国认识到并指出了这种瞄准自己的暴力。但是边境部落的暴力与臣民被解除武装是密不可分的，或者毋宁说，边境部落的暴力是臣民被解除武装的后果。与之形成对比的是，只有在剥夺了大多数人行使暴力的权力的背景下，边境部落的暴力才成为敏感问题。而归根

（接上页）军队。1009—1016 年，在科尔多瓦，斯拉夫人和柏柏尔人之间的冲突（哈里发死于此）即是如此；还有 1058—1072 年，在开罗，突厥人和努比亚人之间的冲突——法蒂玛王朝的哈里发首先遭到了取得胜利的突厥人的迫害（突厥人从那以后便为所欲为地劫掠国家），多亏了第三支军队，即叙利亚统治者巴德尔 – 贾迈利（Badr al-Jamâli）统率的亚美尼亚军队的胜利才幸存了下来。

结底，作为从事生产的大众的和平生活让人们利用并鼓励战士们施行暴力，正是非暴力创造出了暴力。

这样奇怪的体系是如何建立，又是在世界上哪些地区施行的呢？马克斯·韦伯提出了完全不同的欧洲国家概念，他的出发点和理由在哪里？但通过刚才对帝国形式的匆匆一瞥，我们可以认为，韦伯的欧洲国家概念总的来看在世界历史上相当特殊。在接下来的篇章中我们将深入探讨帝国的形式。总之，之前的帝国和我们现代的国家近几十年来的实践的趋同有巧合之处，或者毋宁说如我相信的那样，是存在“世界帝国化”，它将有文化的新臣民和处于边缘的蛮族区分开来，并且不得不对任何形式的暴力都持怀疑态度，不管暴力多么“合法”，因为帝国文明的核心会因此自然而然地成为暴力最终的靶心。

一种经济理论[①]

我们需要从源头开始。伊本·赫勒敦的理论首先力求解释如何在农耕社会中创造出财富。农耕社会产生于新石器时代末期，其人口和经济的自然增长极其缓慢，

① 以下内容参见《世界上最后一个部落》（“Le devenir tribal du monde”）一文，载 *Esprit*，2012 年 1 月，第 25—42 页。

甚至可以说几乎停滞。据专家研究，在我们这个时代的第一个千年中，世界人口事实上没有增长。[①] 那么创造出源源不断的财富的唯一方式就是人为地积累财富，即借助一种强制和掠夺行为，这种强制和掠夺行为需要足够庞大的人口作为支撑，让他们纳税，我们名之为“赋税”。伊本·赫勒敦将“国家”命名为一种实体，它赋予自己收税的权力和力量。[②] 税收的成果集中在一个地理区域——首都，为一个社会阶层——掌握了税收大权的政治精英——专享。他们重新分配税收的成果以满足自己的享受、用于个人消遣以及加强自己的威望，或者满足他们想了解各行各业从业者的好奇心，譬如手工艺人、商贩、医生和教师。税收的成果越是丰厚，首都的各行各业就越是多样化和专业化，而生产的收益就越大，发明新科技的创造力就越强。在乡村，每个人都自己制作供自己使用的木质工具。我们也能在小城市里找到一些细木工人。9 世纪的巴格达和 15 世纪的巴黎就住着一些工匠。

① 基督教时代开始时世界上有 2.5 亿人，而在公元 1000 年时世界人口大概也是这么多。世界人口增长的这种停滞其原因可以被解释为最早两大流行病的广泛传播：公元前 1 世纪至公元 2 世纪的天花（在中国和地中海地区之间传播），以及 6 世纪至 8 世纪的鼠疫（在印度和地中海地区之间传播）。

② 面对这个与如今的国家庇护者如此不同的国家定义，人们可能会感到惊愕。不过，在公元前第一千纪，通过征服（亚述的、波斯的、马其顿的或罗马的征服）和要求进贡，人们很好地构建了国家。

城市的发展就这样带动了乡村的职业化发展，乡村向城市纳税，但也向城市销售其所需的农产品和原材料。尽管纳了税，乡村自己也发展壮大起来，在满足城市需求的同时，人口也不断增长，而这使得城市可以进一步向乡村征税，这样城市也可以得到同样的发展，借助富足起来的乡村来扩大自己的需求，乡村更加富裕起来，如此循环下去。这是一个合乎道德的实实在在进行着的循环，而城市和乡村双方都从中获益。它只需要一个条件，一个强制的条件：让纳税的人解除武装。整个过程确实一开始就基于一种不平等，在精英和平民之间，在城市和其他地区之间，在收税人和纳税人之间。纳税是一种屈辱，自由而有武装的人们不能容忍纳税，伊本·赫勒敦如是说。[①] 无论从何种意义上来说，国家就是一个文明的过程：它扩大财富，促进人口增长，繁荣发展，但同时，它解除人们的武装，压制公众生活，这当然要通过武力，但也要通过教育以及灌输遵守法律的理念。伊本·赫勒敦直截了当地这样表示。他弄清楚了国家的逻辑，即鼓励卑鄙怯懦，而且打击其民众任何

① 这些不做让步的观点使伊本·赫勒敦显得更接近于马克思。但如同这本著作的热心读者让我注意到的，这些观点不应当让人们忘记，在罗马很早就对纳税做了体面的赦免，但是这种赦免只有罗马公民权拥有者才享有，而不是所有归顺的民众都有；而伊本·赫勒敦也许会将这些关乎统治的司法上的辩护归因于“虚假的良心”。感谢埃尔韦·安格勒贝尔（Hervé Inglebert）做出了此番评论。

形式的团结。他把这些民众称为“定居者”，他们人数众多，相对兴旺，没有武装，都是些个人主义者，服从命令缴纳税收，在国家的控制之下生活。

不过，国家因此陷入了一种表面上看来不可调和的矛盾之中。它需要利用军事力量，一方面震慑它的人民，进行征税，另一方面保护自己的族群不受外部蛮族的侵扰。在严禁产生勇气与团结的民众之中怎么能够找到这种军事力量呢？因此国家应当去别处寻觅。别处，即在它的边境，在部落群集的地方——大家要明白，这部分人不在国家的管控之下，不纳税，因此也没有被解除武装。相反，在这些有几百人或者最多有几千人的小集体之中，每个人的生存都取决于自己的勇气和自己反击侵略的能力，而面对来自其他氏族的进攻，面对饥荒，在鳏寡孤独或年老之时，生存尤其取决于同部族自己人之间的团结一致。氏族或者族群就此履行了（履行得不好）属于国家的“定居者”社会转移来的职能。然而，部落的这种团结的力量——伊本·赫勒敦名之为“阿萨比亚”（asabiya）[①]——正是国家获得的以确保执行

① “阿萨比亚”是伊斯兰教兴起之前的一个常用术语，源于“部落”和“宗族”，指强调统一、集体意识、共同使命感和社会凝聚力的社会团结，被伊本·赫勒敦用于阐述人类社会最基本的纽带和历史的基本动力。——译者注

其所需的暴力（武装或治安的暴力）的职能。[1] 在经济发展进程中和其他地方一样，国家使承担特定职能的人专业化。它在部落社群中征服了士兵或战士的小群体，为他们保留使用暴力的职能，而相反，它把生产活动分配给绝大多数的居民。我们可以说，对伊本·赫勒敦而言，如果职能没有得到这样的专门化——一方面是生产与非暴力的职能，另一方面是暴力的职能——就不会有国家。在他看来，这是“bédouin”（被赋予国家的暴力职能）和“sédentaire”（被分配生产的职能）两个术语的真正含义。从这个决定性的层面上讲，希腊城邦不是一个真正的国家，因为在进行生产和作战的是同样一群人。雅典的公民兵、水手或劳工将那个时代推向了巅峰，极大地激发了 18、19 世纪欧洲对“民主政治”的想象；即使伊本·赫勒敦清楚地了解这段历史，他可能也会漠不关心。在希腊城邦之中他可能看到的只是一种半部落化的、原始的政治形式，而且这种政治形式太过原始，以至于无法实现一方承担生产职能而另一方承担暴力职能的分工，但这些职能是更为完善的国家的特

① “阿萨比亚”这个贯穿全书的词有双重的含义：一方面指的是各个族群武装起来的团结；另一方面指的是获得了这种团结（要么以钱为代价，要么通过入侵）的国家的根基，尤其是指军事方面的根基，在接下来几行文字里我们就可以看到这一点。

征。[1] 伊本·赫勒敦将不是国家的社会称为“bédouines”（贝都因式的）[2] 社会。为了避免混淆，我们将它们更准确地称为“部落社会”。

为了得到各部落团结一致的暴力，国家固然可以出钱招募雇佣兵，但也可以通过侵略来获得这种暴力。离国家边境不远的部落会被定居化的世界的富足和武装的解除吸引，他们会聚集起来准备突袭。他们最大的困难恰恰在于如何聚集在一起，并选出一个共同的首领。每个部落只有几百人，定居者的世界经常由数量巨大的人口保护着。但自相矛盾的是，定居者夺得了邻近的草原或山区族群中某个群体的战士，定居者一边对这个群体加派特别使命，一边鼓励将对自己造成威胁的部落聚集

① 相反，专门化是在希腊化时期得以实现的，是在被征服的小亚细亚、叙利亚和埃及的土地上建立起来的继承亚历山大大帝的王国之中实现的，这些王国从当地原住民的手中获得税收，在希腊或马其顿购买士兵。公元前 3 世纪至前 1 世纪的埃及托勒密王朝尤为如此。当然，这种购买要求有强大的货币体系以及对重要资源的开发利用。这些重要资源（除了税收）经常是通过国家将其商业利益充公而获得开发的。托勒密王朝的“商业政治”的一大部分（人们曾经很长时间认为在这种商业政治中萌发了最初的资本主义精神）其实注定是要为自己谋求来自王国以外的必要的暴力储备（Édouard Will, *Histoire politique du monde hellénistique*, Paris, Seuil, 2003, pp. 155–158）。

② 贝都因人是以氏族部落为基本单位在沙漠旷野过游牧生活的阿拉伯人，主要分布在西亚和北非广阔的沙漠和荒原地带，属欧罗巴人种地中海类型。“贝都因人”为阿拉伯语音译，意为“荒原上的游牧民”“逐水草而居的人”，是阿拉伯民族的一部分。本书中的“贝都因式的”指的是一种居无定所的生活方式，与定居相对。——译者注

起来。这个被加派特别使命的群体享有特权，他们确实会得到城市生产的酬劳，而得到这些酬劳又保证他们在其他氏族之中继续提高威望，让其他氏族投奔自己的麾下。提供战士的部落或部落联盟往往就这样成长起来。当部落联盟的武装人数达到差不多有定居人数的百分之一二的时候，它就会为自己的利益而行动。各部落团结一致，战斗的价值很容易就凸显出来，而这需要那些保卫着解除了武装的定居者的姻亲做出牺牲。阿拉伯人发动侵略的时候无疑不超过 50 万人，但他们同时打败了波斯帝国和拜占庭帝国，这两个帝国的居民总数不可能小于 3 000 万。蒙古人（人口并不比阿拉伯人多）在 13 世纪同时打败并征服了人口加起来是他们 100 倍或 200 倍的中国人和伊斯兰世界的居民。伊本·赫勒敦说，在这次部落聚集的行动中，在伊斯兰世界的土地上，宗教常常扮演决定性的角色。宗教的召唤，即“达瓦”（*da'wa*），将原本犹豫着是否要屈服于统一的权威的部落调动并聚集起来——比如，在马格里布的阿尔摩拉维德（almoravide）王朝、阿尔摩哈德（almohade）王朝、萨阿德（saadienne）王朝或阿拉维（alaouite）王朝时期，情况都是如此；阿拔斯（abbasside）王朝、奥斯曼（ottoman）帝国、伊朗的萨法维（safavide）帝国，在东方历史中尤其如此。[1]

部落的武力无论是通过雇用获得，还是通过残暴地侵略夺得，都更新了国家需要的团结一致的暴力储备。无论在什么情况下，这些得胜的部落首领，或者雇佣兵的首领，都取得了控制权。因此，从定义上来讲，定居人口不容许推举自己的领导人；在国家最高的领导圈子中执行暴力职能的人都来自部落（这些人统治、保护并剥削定居人口，就好比管理、保护自己的羊群并榨取它们的价值那样），因此对定居人口来说他们是外来人。

但这种情形又一次建立在一种不平衡之上。部落的首领一旦成为帝王，就会遵循国家的惯例，此后他就为国家提供保障，解除居民的武装，而解除武装从自己的部落开始（自己的部落成为收税和称帝路上主要的绊脚石）。另外，部落的团结一致受到了定居生活方式的腐蚀。国家确实承担着军事防御、维护治安和正义、提供援助的职能，而在游牧生活中，部落之间的团结协作就是为了担负起所有这些职能，这就使得现在的团结协作变得没有用处。定居社会的职能和主权政治的意图相一

① 在谈到摩洛哥的马林王朝（Mérinides，13—15 世纪。由于伊本·赫勒敦为它效力过，所以他非常清楚这段历史）时，伊本·赫勒敦估计最初部落的兵力为 3 000 名战士，与他们相对的摩洛哥的人口，我们估计有 300 万人，其中至少有 50 万人正处于可以携带武器的年纪。因此，马林王朝的兵力占人口总数的 0.5% 到 1%。

致，都是为了歼灭部落的阿萨比亚（团结的力量）。一般来说，两到三代，也就是100年到120年就足以让最初的团体精神消失殆尽。但是当君主制胜利的时候，君主国（这里准确地说，指的是一个不与国王分享权力的政府）就被解除了武装，供养昂贵的雇佣兵（一个朝代的最后几十年中国家的财政就会因此而出现问题），并依赖他们提供保护，最后在面对来自游牧世界新的阿萨比亚袭击时变得无能为力。

这个朝代更迭的平均时间，或者至少可以说是构建王朝的军事根基的阿萨比亚存在的平均时间，值得我们在此停下来进行研究。在之后的世界简史的叙述过程中，我们将证实伊本·赫勒敦的计算往往是相当精确的。但是，更令人称道的是得到这个结果的方法和步骤。伊本·赫勒敦告诉我们，120年对应三代，一代40年。他补充说，对我们而言，一个世代的时间长度其实是根据《圣经》确定的。当上帝乐意将希伯来人从埃及解救出来，而且给予他们以色列的土地，让他们在那里建立自己的王国时，上帝让他们在沙漠中流浪了40年，使得经历过奴隶制的那些人中没有一个人（即使是摩西）能活到征服应许之地的战斗打响的那一刻。他总结说，不但奴隶们可能没有能力占得上风，而且年轻的战士们可能会因受奴役时的恐惧而受到掣肘。新一代的出现是必要的，上帝通过让他们在西奈半岛流浪来体验游牧生活的困难和团结的力量，以缔造以色列。

但当上帝不引导朝代的进程时，王朝向相反的方向演变：从部落群居演变成都市生活，从胜利者的暴力演变成生产者被解除武装，再到高度发达的文明。之所以说三代人的时间即120年是必要的，是因为不仅胜利者那一代的人消失，而且尤其是他们的榜样力量和关于他们的记忆消失也需要这么多年。伊本·赫勒敦说，第二代遵循缔造者的做法行事，是出于纯粹的孝顺，也是出于恐惧而不敢违背父辈的安排，第二代其实已不再能够理解父辈的命令。第三代甚至理解得更少，而且毫不犹豫地去推翻他们不能明白或者在他们看来是一种混乱的秩序。因此，王朝在最后几十年里，它不仅不能容忍军事上的无能，而且不能容忍构建自己、维系自己生命的根基的功劳被掩盖。王朝满足于自己的懦弱无力，对自己的失败感到怀疑，通常就这样不明不白地覆灭了。对现实的否定令其在最后的时刻感到平静。

伊本·赫勒敦的理论不适用于西方

然而，即使在涉及的2 000年的历史中，伊本·赫勒敦的理论不适用于世界上众多的地区、众多的历史形态。

帝国的特征完全符合他的推断：帝国时期的罗马、拜占庭、中国以及伊斯兰帝国都符合这个范式，下文我们将做更进一步的观察与研究。即使在11世纪之后伊斯兰世界不再是一个帝国时，每一个信仰伊斯兰教的国家，不管面积有多小，都会恢复帝国的架构：一个首都、一块提供食物的土地（或者一种提供食物的贸易活动）和不受管辖的一群部落或一片领地。相反，欧洲大部分地区与这个理论相悖。理由很简单。在西罗马帝国灭亡之后，在6世纪至14世纪之间，国家的税收实际上不存在了。因此，我们在那时看不到城市中的集中发展，也看不到城市财富的积累；或者说，至少我们不应当看到这些迹象。根据伊本·赫勒敦的理论，欧洲的经济本应当显现出一个部落社会的典型特征：稀少的人口，没有大的城市，各群体割据一方、各地区分散分布的现象极其严重。直到公元1000年，中世纪早期，赫勒敦的这个理论被部分地证实了。在11世纪之后，很明显，欧洲的历史就不按照这个范式发展了，它自己建立起了一种难以想象的范式：拥有众多人口的城市文明出现在11世纪和13世纪之间，摆脱了一个中央集权的专制国家施加的限制，摆脱了税收。这个奇迹值得西方历史学家关注。这也许就是现代化出现之前对伊本·赫勒敦的理论最重要的驳斥。

自从14世纪开始国家的税收制度建立以后，欧洲的历史有了几分伊本·赫勒敦的色彩：欧洲地区有了专业化的军队（其编制人数的增加及武器装备的复杂程度使税收获得了惊人的增长，尤其是在17世纪和18世纪），大都市的数量快速增加（比人口的增长快很多，尤其是在法国），欧洲某些地区军事职能开始专业化（正如瑞士），效仿帝国周边的部落社会①；中心人口解除了武装②。

这些变化是真实的，却也是有限的。西方的中世纪历史向新兴君主国的税收专制政治提出了强有力的抗议；在许多其他的动乱之中，英国17世纪的革命也证实了这种抗议。③而特别需要指出的是（这是同一个现象的

① 在15世纪的意大利我们同样会注意到军队的专业化，其借助于“condottieri”（当时的雇佣兵），他们通常来自领主制社会，来自亚平宁山脉和阿尔卑斯支脉上的贫穷“部落”。然而在意大利北部和中部的大都市（米兰、威尼斯、热那亚、博洛尼亚、费拉拉、佛罗伦萨），城市的军队在衰落，这些城市的生产者同意解除武装与缴纳赋税。

② 1300年和1700年法国的人口以及资源（主要是农业资源）大致相同。相反，国家，首先是它的首都和军队，都得到了相当可观的发展。1700年法国的农业基地并不比1300年的有所扩大，也几乎不比1300年的更加高产，但1700年的法国经济由于税收而更大程度地货币化了。我们会发现，1400年至1800年的亚洲也出现了同样的现象。

③ 但是自从13世纪末以来，欧洲许多地区抗拒王权的发展，也反对通常由此带来的税制：这很明显是在德意志和中欧出现的情况［在1254年霍亨斯陶芬（Hohenstaufen）王朝结束之后，那里开始削弱王权］，也出现在阿拉贡地区和英国，但同样也出现在佛兰德地区和意大利中北部，此后这些地区成了欧洲最富裕的地方。意大利会计学以及财政统计学的发达实际上不应当使人们忘记，意大利半岛已经从集中于中央的帝国税制中解放了出来。

另一面），欧洲精英们永远不会将暴力职能让给来自边境的“蛮族”，他们永远不会将暴力职能与生产职能区分开来。正是同样的贵族、同样的家族，有时是同样的人，主导着教会和国家、思想和战争、笔墨和武器。塞万提斯，勒班陀战役时的年轻士兵，老练的天才作家，是西方共同追崇的模范，而这在伊斯兰世界或者在中国都很罕见。生产者和战士的区分在西方被认为是表面现象。甚至在旧制度下，平民有时会被煽动而拿起武器，有些城市也拥有民兵。在欧洲，即使是最“专制”的国家，也没有让人民完全解除武装，也没有完全禁止或根除生产大众的暴力，这种不纯粹的“生产大众”不适用于伊本·赫勒敦的理论体系。[①] 欧洲的君主国从来不曾像中国宋朝那样以和平手段实现异中求同，更不用说它们没能够成功地剥夺人民的自由。然而，解除贵族的武装，也就是说，解除西方君主最初的阿萨比亚的武装，

① 与伊本·白图泰（Ibn Battuta）所著的 *Voyageurs arabes*（Paule Charles-Dominique 翻译，Paris，Gallimard，“Bibliothèque de la Pléiade”，1995 年）一书中第 390 页的一则逸事相对比，基督教徒与亚历山大里亚的穆斯林之间发生了一场纠纷。一些穆斯林被处决，这引发了一场暴动。一批马穆鲁克（Mamelouks）骑兵从开罗出发，被派遣去镇压叛乱。亚历山大里亚的一名富商向他们宣布：“我是这个城市的担保人。一旦发生暴乱，叫他们来找我！我会因而让统治者免除士兵和人民需要交纳的欠款。”他同暴动者一起被钉死在十字架上。他犯的罪是：扬言要废除生产者与暴力者、马穆鲁克与埃及人、统治者与臣民之间的区别，而臣民就应当待在自己的位置上。

正好是欧洲国家16世纪到18世纪最主要的任务。托克维尔没有读过伊本·赫勒敦的著作，他在用对旧制度的分析来解释法国大革命的时候，与伊本·赫勒敦不谋而合。他说，自从14世纪税收制度建立以来，随着时间的推移，君主制从物质上和精神上打压了贵族的势力，而正是这些导致了君主制最终在大革命中失去支持。

然而，在18世纪下半叶，伴随着英国工业革命的开始，伊本·赫勒敦的理论不再适用：2 000年以来国家第一次不再拥有特权，税收的地位不再至高无上，二者也不再担负积累财富的专属任务。科学革命带来巨大的科技进步，使得人口以前所未有的速度激增，贸易也获得了极大的发展。数十个大都市兴起，它们并不是首都，它们的发展也不直接依赖于国家的税收：它们是曼彻斯特、利物浦、埃森、米兰、巴塞罗那、纽约、芝加哥、上海等。[①] 特别是生产者和战士之间根深蒂固的区分第一次被废除了。弱小的英国之所以能在1760年到1820年征服了广阔的印度大陆，不是因为（或者说不只是因为）苏格兰的部落军队有多么凶悍，而是要归功于其定居的生活方式，归功于其生产的效用：拥有最好的

① 回想一下，世界人口大致在19世纪翻了一番（从9亿人增长到17亿人，与1300年到1800年间世界人口的增长百分比相当）。而在20世纪，人口大致翻了三四倍（从17亿人增长到60亿人），这与公元元年到1800年人口增长的百分比相当。

大炮、最好的军舰，不久之后很快就有了铁路，之后又有了飞机。1792 年同样的历史重演。在瓦尔米，普鲁士军队遇上了一支法国军队，即一群仓促之中拿起武器的生产者（用布伦瑞克公爵的话说，由“补鞋匠组成的”法国军队）。然而，法国军队占得上风，打败了那些训练有素的职业战士。从此以后，事实上，资本积累和繁荣发展已不用再（单独地）依托于统治阶级的税收压榨，一心让人民解除武装已不再成为必要。所有的欧洲国家，甚至是最“反动”的国家（俄国、奥匈帝国、奥斯曼帝国），在 19 世纪都建立起了服兵役的制度，即拥有一种让人民广泛地配备武装的制度。另外，这也给欧洲带来了一项好处，即具有了能战胜世界其他地区的军事优势。从托克维尔理解的意义上来说，欧洲所有的国家都成了“民主政体”，也就是人民群众的政体。

在这些于 19 世纪末建立起来的民主政体中，如同雅典，公民既是一名生产者，也是一名战士；他们既纳税，也上战场。暴力掌握在所有人手中，暴力的用途由统治者决定，统治者权衡暴力的代价及其带来的苦难。公民生活要求同样的一批人在和平时期做严格的生产者，而在战争时期要做冷酷无情的草原战士。两次世界大战在此政体下爆发，完全与伊本·赫勒敦的理论相悖。这就是马克斯·韦伯在他著名的“独占合法暴力”

论断中总结出来的逻辑，也正是“民主”国家——群众和法律的国家——私下利用了这种逻辑。我们的共和国也以基于民主和法治的原则而著称，即使是一些明显的原因（我们将在本书结语部分明确指出），我们的实践总是离这些原则越来越远。

帝国的两千年

前文已经提到，帝国的出现如伊本·赫勒敦描述的那样，要有三个条件：首先，有较大的人口密度，而且往往具有长期稳定的人口增长率；其次，在雄心勃勃的贝都因式部落和有人定居的大河流域之间建立起联系；最后，对一切已知的有人定居的土地彻底地予以征服，以便与如此建立起来的帝国毗邻的只有蛮族，也保证了可以用物质财富换来部落的暴力，而财富象征着修建起来的城市和宫殿。

有人定居的大河流域

虽然帝国的诞生需要某个部落阿萨比亚的征服野心的推动，但帝国只能诞生于人口密集、多产且人们过着定居生活的大河流域。或者说，这样的流域才有能力诞生帝国，也就是说有解除武装且缴纳赋税的可能性。用伊本·赫勒敦（他受到了亚里士多德的启发）的话说，部落的冲击将生产大众作为“质料”，赋予帝国以“形式”。

在公元前第一千纪中叶之前，世界上还不存在这样集中的人口和生产条件来符合帝国对人口数量及密度的要求。从公元前四五千年的新石器革命到公元前两三千年（从公元前3000年开始）之间，世界人口增长了12到15倍。接近公元前500年时，世界上的居民达到了1.4亿人。这令人震撼的增长速度并未有所减缓。当时人口的增速相当于每1 500年到2 000年人口数量翻一番（与此相比，20世纪后半期人口数量每40年翻一番）。然而，公元前第一千纪的后半段，人口增长速度明显加快，这在地中海地区对应的是古希腊罗马文化达到巅峰。但在印度，尤其是在中国，也可以看到同样的人口激增的现象。公元元年左右，地球上大概有2.5亿人。从那以后，在缔造帝国过程中必不可少的密集人口在世界上的两三个地区出现了。

如前所述，在新石器时代和有文字记载的历史最初的年代中，进步是缓慢的。尽管如此，这些进步还是孕育出了几个活跃的发源地，2 000年以来它们一直在人口密度和生产能力上独占鳌头。公元纪年的历史初期，地中海地区、中东地区、印度和中国的人口加起来大概已经占世界人口的四分之三。公元前500年左右，新石器革命——农业、畜牧业、纺织业、陶瓷业、冶金业，在这场革命中诞生了——原始的发源地中东地区，四周被希腊、埃及、印度河流域和中亚包围，其人口大致占世界总人口的三分之一，几乎占现在世界人口的7%~8%。公元前400年，希腊大概有300万人口，也就是至少占当时欧洲人口的15%，占现在欧洲人口的2%。[①]印度人口在公元初年达到了4 000万人左右。但当时中国人口大大超过了印度，根据汉朝最早的人口普查数据，那时的中国在400年中人口增长了3倍多，从2 000万人增长到7 000万人，占公元元年前后世界总人口的三分之一以上。[②]正是在这些人口密集、财富涌流、发明创造层出不穷的土地上诞生了最早的帝国。这些帝国在这些土地上维系着生命力，至少一直到18世纪末，那时欧洲的工业革命和帝国主义破坏了它们的规则，之后铲除了它们的根基。这段关于最早的帝国的历史虽是

① Mirko Grmek, *Les Maladies à l'aube de la civilisation occidentale*, Paris, Payot, 1994, pp. 146–147.

② Jean-Noël Biraben, "L'histoire du peuplement humain des origines à nos jours", in Graziella Caselli, Jacques Vallin et Guillaume Wunsch(dir.), *Démographies, analyse et synthèses*, V, Paris, INED, 2004; Jacques Gernet, *Le Monde chinois*, Paris, Armand Colin, "Pocket", 2005, 3 vol., I, p. 98. 公元2年的人口普查认定中国人口有57 671 400人，这个数字没有算上奴隶。人们普遍认为，当时人口总计在7 000万人左右。

花一现却极其雄壮，而这段历史只立足于人类大厦的这些大型支柱之上。

多民族混居的帝国

第二个条件——部落的阿萨比亚与有人定居的大河流域之间建立起来的联系——决定了帝国诞生于哪一地区：重要的生产中心与最繁荣的边区之间紧密的交界处，在边缘而不是在中心。近东地区推动帝国建立的最早的创造性尝试出现在亚述［大部分位于今天伊拉克的库尔德斯坦（Kurdistan）］和伊朗高原［米底人（Mèdes）和阿契美尼德王朝的波斯人就来自伊朗高原］。这两个地区毗邻古老又富裕的人类巢穴美索不达米亚，这里为最早的帝国事业提供了从事生产活动的人口、灵验的神灵以及令人称道而后消失殆尽的语言。中华帝国出现在中国西北部一片粗犷贫瘠的土地上，它的人民曾与匈奴人（突厥人）交手，久经战场。在几个世代里，这个帝国就完全征服了中国中部和东部人口更多、更为繁荣的诸侯国，使之迅速地被限制在定居生活的状态。[①] 古印

① Jacques Gernet, *Le Monde chinois*, op. cit., I, p. 92. 秦国是一个蓄养马匹、民风粗野又好战的国家。关于公元前 8 世纪初到公元前 5 世纪初，中国大地上各王国的出现，以及它们中央与边境的关系，请参见 Alain Reynaud, *Une géohistoire, La Chine des Printemps et des Automnes*, Paris, Reclus, 1992。非常感谢克里斯蒂安·格拉塔鲁（Christian Grataloup）向我推荐了这本极具启发性的书。

度出现了几个最闻名遐迩的王国（然而它们存世的短暂使其不能被列为伟大的帝国），即孔雀王朝（公元前4—前2世纪），印度－希腊人或印度－斯基泰人创建的犍陀罗国（Gandhara）和贵霜王朝（Kushana，公元前2世纪—公元3世纪）。就像它们复合的名字显示的那样，这些国家是或成功或失败的外族入侵与印度河（之后是恒河）流域的土地相结合的产物，几千年以来这些土地孕育出了一些最早的文明，这里生活着很长时间内次大陆数量最多的农民。[①] 尤其是孔雀王朝，它建立了第一个统一的印度王国，我们关于这个王国的记忆里还有亚历山大大帝及其将尉带领的希腊人的威胁。但亚历山大大帝的辉煌业绩也出现在边境地区，即希腊人的世界和埃及、美索不达米亚和叙利亚的交界处。这三者都地处世界上最古老的有人定居的大河流域，几百年以来被亚述和波斯帝国打败，解除了武装，并臣服进贡，而希腊人和马其顿人将占有亚述和波斯帝国的遗产。最后，罗马人开始征服世界，从意大利中部开始，扩张至希腊的边缘地区。从此以后轮到希腊被解除武装和被征服了；希腊的版图曾一直延伸到西西里和意大利南部以及北部的希腊化程度很高的伊特鲁里亚地区（Etrurie）。所有这

① 特别指出的是，上面指的是哈拉帕－摩亨佐·达罗的文明（Harappa-Mohenjo Daro，约公元前2500—前1500年）。

些人和那些人，即伊特鲁里亚人和希腊人，都将成为获胜的罗马人的战利品，也将成为罗马人的典范。

读者也许会注意到，我刚刚把希腊人和罗马人征服世界的事业列为奠定帝国部落基础的推动力，这并不意味着我把希腊人或罗马人当作“蛮族”。亚历山大大帝曾是亚里士多德的学生，而公元前4世纪末的希腊（曾入侵阿契美尼德王朝的波斯）已经诞生了一些哲学、文学和艺术的杰作，罗马和西方世界2 000年以来都未曾停止对这些著作的仰慕。当罗马征服地中海地区时，罗马还是一个由于特别遵守法律而秩序井然的共和国。不过借此机会在这里说明一下，定居和“游牧”、暴力和非暴力（或者说，对暴力的排斥）是相对的概念。将定居化程度提高一度总是可行的，就像我们总是可以将温度提高一度一样。在这个不断加强生活定居化的区域周围，有一些不会经历相同的演变过程的社会群体，将具备更加鲜明的“部落”特征，将获得更大的机会去占领定居化程度较高的邻国。习惯于城邦生活的希腊人，面对几百年来被亚述或波斯的胜利者平衡占有的埃及，为征服者重建了军营。但是同样的一批希腊人，雅典人或者科林斯人，将被腓力、亚历山大及其后继者带领的马其顿人征服，成为归顺的定居者。在几乎所有的情形下，我们常常会有机会再次回到这一点上，也就是非暴力、定居文明的进步反而导致了暴力，并且使得暴力成为集体的、历史的现象。

通常，由于部落社会缺乏文字和档案资料，由胜利的阿萨比亚构成的时代对我们来说一直都十分隐秘，直到阿萨比亚在被征服的定居者之中涌现出来，定居者后来书写了关于这些胜利的阿萨比亚的历史。不过，在这种历史进程中也会上演新的历史。我们将会看到，领导了征服大业的民族也可能进入了有文字记载的文明阶段，其文明的定居化程度并不比他们侵犯的人口聚居地和人口中心低很多，比如我们刚刚提到的公元前 4 世纪的希腊人和公元前 2 世纪的罗马人。16 世纪末当丰臣秀吉着手征服中国（十分明智，与我们通常读到的有所不同）时，日本也存在相同的情况；或者，还有 12 世纪和 13 世纪法兰克人进行的十字军东征，他们攻占了地中海北岸大部分地区，损害了伊斯兰世界（分布在西班牙、西西里、巴勒斯坦 – 叙利亚）或者拜占庭帝国（分布在巴尔干半岛、克里特岛或者塞浦路斯，甚至君士坦丁堡）的利益。

就像希腊人征服东方的事业一样，上述两个征服事业没有完全获得成功，或者说完全就是个失败。在朝鲜和中国的东北地区陷入困境之后，丰臣秀吉于 1598 年去世，日本人颜面扫地，只得撤军。法兰克人保住了西班牙和地中海的岛屿，但是失去了耶路撒冷、叙利亚-巴勒斯坦沿岸地区，以及君士坦丁堡。日本与西方一样，征服者的阿萨比亚若是失败便会引起内部提高定居化程度的激烈运动。德川幕府时期，日本人实行闭关锁国政策，并在日本发展出了17世纪和18世纪世界上最富裕、最精妙的文化之一。欧洲从十字军东征的失败中得到的好处大致比遇到的挫折要多，19世纪的历史学家们已经注意到这一点。在最早的几次十字军东征中，相较于封建领主的军队、部落武装和十字军，君主政体（以及符合罗马教廷标准的第一个教会国家）统领的军队的战斗力更胜一筹。在一个又一个案例中，从征服事业的边缘开始，定居化的过程也许发展得太快了，以至于不得不将征服事业引向失败。与所有明显的证据相反，欧洲的人口和农业、城市生产和贸易的进步并没有促进十字军东征的事业，而是对它造成了妨碍。战争的投资（十字军东征第一个阶段确实进行了这样的投资）和文明在定居、领土和财政方面的考虑之间存在一种内在的矛盾。相反，人口和经济增长确实帮助了中世纪西方增加了居民，帮助中世纪西方更好地利用从伊斯兰世界或者拜占庭帝国那里夺来的土地。

这些发现符合伊本·赫勒敦的理论。他说，大帝国孕育出最野蛮的民族——阿拉伯人，在先知时代即是如此。勒内·格鲁塞（René Grousset）大概在这一点上搞错了：不存在“草原帝国”——从定义出发，帝国的中心是定居化的、被征服的、被课税的地方。但是，就像伊本·赫勒敦，格鲁塞看到了关键点：帝国诞生于对得到控制和引导的暴力的大动员，而部落的边境地区（仍然是蛮族，但已经意识到他们的战利品的弱点）和有人定居的大河流域能够单独孕育并维持这种暴力。

帝国的孤独寂寞

当帝国明确划定自己的领土时（帝国在其领土上施展它的政治权威和财政权威，因此，从定义上来说其领土是定居的领土），帝国的一大特征便显现出来，并据此与蛮族世界相区分。或者说，帝国将世界上其余地方都定义为“蛮族”世界。事实上，这一时刻来得如此之早，以至于我们可以将其作为帝国的本质特性之一。奥古斯都，罗马帝国著名的缔造者，在失去瓦鲁斯军团之后[①]，关闭了国内外战争的大门，并且把莱茵河—多瑙河一线定为罗马帝国的边防线（limes）[②]。公元前3世纪末，

① 瓦鲁斯军团在公元9年条顿堡森林战役中被日耳曼人全歼。

② limes，德语，是专有名词，特指罗马时代的界墙，此处指边防线；亦译长城。——校译者注

中国的第一位皇帝秦始皇在一次同样的行动中命人推倒了对方都城的城墙，并且垒起抵御匈奴人[①]的中国长城的第一块石头。随着阿拉伯人征服事业举步维艰的实情逐渐被人所知，伊斯兰帝国修建了它最早的“里巴特”（ribat）——军事性质的城堡，以防御边境上的突厥人。那么，今后继续追求毫无目的的扩张又有什么实质意义呢？本质上，帝国统一了所有文明的土地以及所有配称文明的人。在帝国的权威之外只剩下蛮荒的土地。

这种世界观有一定的客观依据。我们可以看到，并且新石器时代在经济和人口上发生的革命以及历史最初的几千年也已经表明，在人口密度方面，人口密集的地区（中东地区、地中海沿岸、中国、印度）与其外部人烟稀少、部落群集的地区之间存在着巨大的差别。帝国，比如罗马帝国或中华帝国，虽没有进行扩张运动，但是实际上它们完全能够发动这种运动，并且毫无疑问，能够扩大这种运动，将其推广至它们控制的全部领域，至少在帝国早期的几百年里是这样。相反，在印度很可能没有哪个帝国能够做到成功地持久地统一北方，

① 即离秦国最近的游牧民族，他们推动了秦帝国的诞生。为了简便，我也称匈奴人（中国历史上最早的蛮族）为突厥人，勒内·格鲁塞也愿意这样称呼。但是这一点在今天引起了很大的争议。关于所有这些，请参见 Jacques Gernet, *Le Monde chinois*, op. cit., I, p. 148。

因为那里的人口密集地区相互分离，并且被太多独立的部落区分割开来。①

但是帝国想要囊括所有文明的企图特别像同义反复（tautologie）。从定义上讲，定居的地域自从帝国出现以后就被其权威控制。然而，部落群集的广大区域被明确定义成部落区域，是因为它们之后不再是部落区域。当他们向恺撒支付税款时他们是定居者，不纳税时就是游牧部落。不列颠——我们所说的英格兰——在被克劳狄皇帝征服（43 年）之前都是蛮荒之地，之后就有人定居，而不像苏格兰，被遗弃而处于未开化的状态。②

我们应当注意在帝国与蛮族的边界之间的这些重

① 西北的部落中有斯基泰人或者吐火罗人（Tokhariens）（甚至是希腊人），加上阿迪瓦西人（Adivasi），德干和拉贾斯坦（Rajasthan）的原始游牧民族，他们向公元第一千纪最著名的印度王朝笈多王朝（Gupta，该王朝建于 4 世纪和 5 世纪，位于恒河流域）的权威发起挑战。Éric Paul Meyer, *Une histoire de l'Inde, Les Indiens face à leur passé*, Paris, Albin Michel, 2007, pp. 92–96.

② 另外，罗马知道在幼发拉底河之外，甚至在印度河那边，存在着一个文明世界，亚历山大大帝曾征服过这个世界，但是他的继任者又失去了它。皇帝图拉真（Trajan，98—117 年在位）被马其顿征服者的回忆吸引，在生命的最后几年占领了美索不达米亚和巴比伦，亚历山大大帝就是在巴比伦去世的。图拉真的继任者哈德良（117—138 年在位）从这些征服运动中撤退，重新将帝国东方的边防线定为幼发拉底河。这样他使得历史上最坚固的边防线之一更加牢不可破。这条边防线在大约 800 年（从公元前 100 年至公元 630 年）中将罗马人和波斯人的土地分隔开来。之后的几百年在伊斯兰世界，它将埃及和叙利亚“阿拉伯人”的土地与伊拉克、伊朗“波斯人”的领土分隔开来。在伊德里希（Idrisi）之后，伊本·赫勒敦认为那条边防线位于世界的中央，将世界分为东西两方，幼发拉底河以西为西方，以东为东方。

大历史轨迹，例如奥古斯都、提比略（Tibère，将日耳曼人赶进了原始森林），或者哈德良（Hadrien，放弃了叙利亚草原的偏远地区）的所作所为。因为边防线的选择远远不是表面上看起来的那样相互对立，而是相互融合。日耳曼人从此在帝国内外为蛮族塑造了杰出的形象，正如塔西佗（Tacite）[①]证明的那样。巴达维人（Batave）的领袖奇维里斯（Civilis，曾经是帝国军队的军官，也是公元1世纪最凶险的一次叛乱的首领，这次叛乱得到日耳曼部落的广泛支持）的例子足以证明这些边境上的阿萨比亚的危险性，同时也可以证明，帝国有必要于军事鼎盛时期（帝国已经有这个意识）在其最缺乏防卫的边境上向阿萨比亚寻求帮助。[②]同样，3世纪时帝国的阿萨比亚的一部分正是来自叙利亚（叙利亚是哈德良在2世纪时以边境行省的方式建立起来的，或者说

① 一本关于日耳曼人的专著（即《日耳曼尼亚志》。——校译者注）的作者。实际上在日耳曼人还属于“蛮族”时，罗马人正处于文明世界；该作者称日耳曼人具有英勇无畏的精神和诚实的品质，这将在伊本·赫勒敦关于游牧部落的叙述中找到呼应（伊本·赫勒敦本人也十分赞赏日耳曼人的精神品质）。

② 指的是68—70年的大危机期间，尼禄皇帝死后在不到两年的时间内有四位皇帝继位掌权。奇维里斯特别利用了这次（不幸的）皇权争夺[莱茵河的军队及其首领维特里乌斯（Vitelliius）在意大利集结，与韦斯帕芗（Vespasien）的叙利亚军作战]。最引人注目的是，在奇维里斯的抗争中，正是“蛮族”日耳曼人打退帝国的文明人，随后又打败了高卢人。参见 Pierre Cosme, *L'Année des quatre empereurs*, Paris, Fayard, 2012。

巩固下来的）。[①] 一般而言，我们鉴别蛮族是通过蛮族被赋予的名字，通过我们认为与之关联的战斗的历史，而之前是通过对他们风俗习惯的描述，这种鉴别方式标志着人们承认他们的地位，标志着一种将我们与蛮族联结起来的没有明说的关系。[②]

就这样，从最初的几十年开始，中华帝国就沿其长城在其本民族与匈奴民族之间划界（佯装要与匈奴分割开来），匈奴则一直伴随着西汉（公元前 209—公元 9 年）的历史，更与整个东汉的历史（公元 25—约 180 年）相关联。[③] 这个王朝（和帝国大概存在了 4 个世纪）与匈奴人一起消失。[④] 相反，中国南方却与之形成反差。

① 特别是在塞维鲁王朝（Sévères，193—235 年）及之外的地方。在 3 世纪到 7 世纪之间，在这个艰险的边境上，叙利亚草原上的游牧部落——可能我们已经可以称他们为“阿拉伯人”——在捍卫帝国方面扮演着决定性的角色。

② 然而，像更晚的奥斯曼帝国一样，西罗马帝国（在它之后是 5 世纪到 6 世纪的拜占庭帝国）能够依靠它容许在其边境内存在的部落区，尤其是在 3 世纪的伊利里亚（Illyrie，过去的南斯拉夫），或者更晚在小亚细亚。

③ 原书标注的西汉和东汉的年代与我国正史不一致。西汉起讫时间是公元前 206 年至公元 8 年，公元前 209 年是刘邦获封汉王的时间。东汉起讫时间为公元 25 年至 220 年，公元 184 年黄巾起义后，东汉皇帝实已沦为军阀的玩偶，直至公元 220 年正式灭亡。——校译者注

④ 中国行政机构为我们提供了一些数据，可能比罗马政府的更为精确。这些数据因其描绘的历史运动而特别有价值。公元前 50 年，已有 6 万名匈奴人效忠于帝国，公元 90 年达到了 23.7 万人。中国在长达 3 个多世纪的时间里从匈奴的人才库中汲取菁华，很可能从汉武帝（公元前 140—前 87 年）统治时期就开始了。参见 Jacques Gernet, *Le Monde chinois*, op. cit., I, pp. 173–176, 181。

在中国南方，从来不曾有过像北方一样的长城，也没有哪个民族能够凭借其威望、由此带来的恐惧及其在帝国军队中占据的地位与匈奴相提并论。在那里我们只能区分出“原住民”（中国人口和文化不断向南迁移，并慢慢地将原住民汉化）。[①] 证据（如有必要）就是，在定居的山谷与游牧的山谷之间，边界线和中国长城标出的山脊线是一种双方认可的分界线，是双方结成联盟的一种承诺。帝国正是出现在这些定居者和部落各自所居区域之间的交界处。在那里，这条界线不存在的地方，帝国只看到历史完全空白的一页，这一页属于帝国，将由帝国以自己的方式书写。

近 2 000 年间，人口最密集的地方限于中国和中国的几个邻国，印度以及一个更为模糊的联合体，我在前文中称之为“中东和地中海地区”。[②] 事实上，最后这个

① 对于南方的“原住民”根本性的模糊区分中存在一些特例，就像中国一些历史学家指出的那样。3 世纪扬子江以南“山区”的越人也是如此，他们是当时中国独立的王朝的拥趸。很明显越南（安南）也应当算一个特例，它从 10 世纪开始就获得了长久的解放，取得独立地位。另外，还要加上如今中国三分之二的少数民族的生活仍然局限在南方。

② 可能还可以加上公元 1000 年开始的墨西哥和哥伦布发现新大陆以前的美洲中部。墨西哥中部，这块遥远的土地，在西班牙人到来之前是大陆上人口最密集的地方，在伊本 · 赫勒敦理论的启迪下可以对其历史做出新的思考，我将这个任务交给更为博学的学者……

地区的人口重心（甚至比中国或者印度还明显一些）在此地的2 000年历史进程中有所变动，从波斯湾和地中海东岸一直到欧洲。伊斯兰国家和基督教国家的宗教分化使得这种人口变动更为明显。①

伊斯兰国家的出现还带来了另外两个不应忽视的结果：首先，正如亨利·皮雷纳（Henri Pirenne）清楚看到的那样，7世纪和8世纪时的伊斯兰国家造成了地中海地区的分裂。它不允许拜占庭帝国夺回罗马的遗产，而它自己在这一点上也失败了（同一时期，中国的唐朝在帝国中断400年之后做到了）。② 永远也没有人能够将“我们的海”（Mare Nostrum，指地中海区域）分散的成员再次聚集起来。尤其是在地中海和中东地区，几百年间，伊斯兰国家垄断了帝国的职能，而它也因此排斥西方国家。伊斯兰帝国和拜占庭帝国建立在人口最多、最富裕的土地上（中东在7—9世纪依然如此），而将“未开化”的地带——那里稀稀拉拉储备着它们的战士、奴

① 中国扬子江流域和广东地区同样打破了人口的平衡，这次平衡偏向本地，而在帝国历史初期人口平衡严重偏向中国北部。但是对于外部的观察者来说，在中国人自己看来也一样，中国仍是一个独一无二的实体，而在7世纪到10世纪，中东和地中海联合体已经不可挽回地发生了分裂。

② Henri Prienne, *Mahomet et Charlemagne*, Bruxelles, Nouvelle Société d’éditions, 1937 另外，西方国家被伊斯兰国家的扩张赶到离地中海较远的地方，接近地中海北岸，那里加洛林王朝的统治风生水起，并且在10世纪到13世纪之间，尤其是在佛兰德地区，那儿的人口逐渐增多，成为欧洲人口最密集的地方。

隶或者原材料——安排在帝国的周边。

在中世纪早期的若干个世纪，欧洲是东方帝国的边缘地带，伊斯兰国家占东方帝国的主要部分，而拜占庭帝国占余下的部分。尽管梦想还在［教会曾接手过这个梦想，查理曼（768—814年在位）也曾尝试着让它成为现实］，但西方世界的贫困潦倒、人口分散，甚至还有城市组织的松散脆弱，以及对于东方帝国（伊斯兰国家和拜占庭帝国）奢侈品生产的单一依赖，使得西方不可能实现罗马式的复兴。[①] 相反，与伊本·赫勒敦可能预言的情况不同，欧洲在10—13世纪经历了令人瞩目的飞跃式发展，而并没有求助于强大的中央集权的刺激，也没有借助于税收制度对资源的调度。这些涌现的城市不受或者说几乎不受国家控制。欧洲的历史很明显不会是帝制的。在本书“结语”这一部分之前我们不会再探讨这个问题。

那时总共有三个帝国，伊斯兰帝国（加上拜占庭帝国）、印度和中国；或者更确切地说只有两个。不幸的

① 帝国通过重压将周边地区都牵扯进自己的行动之中，而帝国的吸引力在很多情况下（我们将在下文遇到）也可以展现出来：就是这样，在足利义满（1401年为明朝人熟知的“日本国王”）时期和丰臣秀吉企图征服中国期间（1592—1598年），日本进入了中国的影响范围。德川家康（丰臣秀吉之后的幕府将军）的任务就是摆脱中国的吸引力，并且建立起以自我为中心的日本（这就是日本闭关锁国的原因，更多是为了反抗中国而不是欧洲）。同样，阿富汗和中亚地区在公元1500年之后倾向于支持印度大陆的帝国。

是，事实上我们对于公元1200年之前印度历史的了解太零碎、太贫乏，因而无法从中提炼出一个有意义的历史全貌。实际上，伴随着伊斯兰国家的入侵，两个大帝国——德里的苏丹帝国（1206—1398年）和莫卧儿帝国（1526—1707年或1858年）[①]——相继统治次大陆，直到被英国占领，这时印度历史的记载逐渐变得清晰可见。而对于如下这些历史的记载更是如此：在15世纪伊斯兰国家式微的时候，新近被占领或重新统一起来的领地，即奥斯曼帝国的巴尔干地区和印度的北部，见证了伊斯兰国家帝制最辉煌的时刻。

我们必须承认印度的事实就是这样，与奥斯曼帝国相比更是如此。人们会感到十分诧异。的确，伊斯坦布尔的苏丹对于自己的成就足可以好好炫耀一番：优良的军队，圣战中的胜利，无与伦比的首都（曾经是拜占庭的首都），对圣地的捍卫，对最古老的伊斯兰城市（大马士革、巴格达、开罗等）的统治，直到公主们的肤色变成白色（这在印度受到高度评价）。但是，就我们感兴趣的事情而言，印度的各帝国确实拥有两项决定性的优势：其形式是真正的帝制，因而被孤立，导致其近邻

① 我们肯定会再次讨论这些日期。根据是身处印度还是巴基斯坦，是站在印度政治棋局的左边还是右边，人们对于这个印度历史中的中心事件（历史优势）的看法以及对于目前伊斯兰国家的看法明显有很大的不同。

只剩下一些“部落”区，它们的大部分战士都是从这些部落中招募来的。或许奥斯曼帝国不会忽视这个情况，第一个原因是印度的帝国在巴尔干地区和高加索地区夺走了它最忠诚的仆人。但是从16世纪起，这个国家（我们突出它根源上来自巴尔干地区是有道理的）陷入了欧洲一系列纷争之中，与其他国家作战（有时也联合），即使它一厢情愿地只将这些国家认作蛮族。在最初的几次失败之后，奥斯曼帝国开始加入欧洲世界争权夺利的行列。①

第二个原因是人数的不平衡。16世纪末，在所谓的鼎盛时期，奥斯曼帝国的人口曾一度达到2 500万人，分布在从特兰西瓦尼亚（Transylvanie）到瓦赫兰（Oranie）的广大地区。同一时期，莫卧儿王朝有8 000万人口（印度次大陆共有1.2亿人），中国皇帝的子民有1.2亿到1.3亿人。② 因此，我们基于以下两点把奥斯曼帝国先放在一边：一方面人口总量相对处于劣势，因而财政也比较薄弱；另一方面其历史一定程度上属于欧洲历史，而

① 即1683年维也纳之围、1699年《卡洛维茨条约》以及1718年的《帕萨罗维茨条约》。我们可以支持下面的史实：阿富汗人集结起来为德里的苏丹国效力。我们可能更难断定的是，匈牙利或俄国是为奥斯曼帝国效力还是在战争中与之为敌。

② 奥斯曼帝国的人口数量并不因此而不能在欧洲位居前列……只要我们同意，确切地说，可以将其视为欧洲国家。

欧洲历史却不符合伊本·赫勒敦的理论。

因此，接下来的陈述分五个部分，很大程度上是按照年代的顺序：在第一部分（涉及年代为公元前400—公元200年），我们将分析最早的帝国，包括波斯帝国、希腊罗马帝国和中华帝国，是如何出现、如何确立的。在第二部分（涉及年代为200—750年），我们将看到它们的让步，它们定居生活中和平主义的决定性特征，它们思想上对于暴力的排斥（这是基督教和佛教教义赞同的）。伊斯兰教的出现及其对突厥世界的征服将在第三个部分（涉及年代为750—1200年）展开，并在中国见证奇迹——宋朝的诞生。在第四部分（涉及年代为1200—1500年），蒙古人和明朝人在中国舞台上扮演最重要的角色，同时，在伊斯兰中央土地上帖木儿帝国覆灭，印度伊斯兰帝国崛起。第五部分（涉及年代为1500—1800年）将讲述满族人在抗倭援朝战争失败后在中国进行的帝国统治，以及印度伊斯兰帝国的复兴，以最后一个伊斯兰帝国的阿萨比亚，即英国东印度公司作为结束。

第　一　章

帝国的诞生与奠基

（公元前400—公元200年）

同流行病的发生机制类似，帝国的形成需要其人口密度超过一定阈值，而高密度的人口是潜在的丰厚税收的来源。因此将帝国的起源时间定为第一次全球普遍性的人口增长高峰时期（公元前第一千纪的后半期）再谨慎不过。从公元前400年到公元200年，世界人口几乎翻了一番，同时，最早的两个无可争辩的大帝国，罗马和中国，宣告了自己的存在。但是这些帝国并不是无中生有的。我们是否可以在谈论帝国之前，考虑一下这些帝国之前的可能是帝国孕育阶段的历史呢？

亚述利亚

大约公元前第七千纪，正是在中东爆发了新石器革命。我们已经看到，世界将近三分之一的人口生活在这一地区（4 000 万到 5 000 万居民分布在从希腊到中亚、从埃及到印度的广大地区），而在公元前第一千纪中期，这一地区仍然享受着早早发展的好处。因此，在那里回溯最早的足以称之为帝国的实体，即寻找最早的征服运动，符合一般的逻辑。这些征服运动通常是非常残酷的，它们强迫密集的人口定居下来，解除其武装并进贡。在公元前第二千纪，亚述利亚诞生于现在称之为“库尔德斯坦”的山脉之中。公元前 9 世纪至前 7 世纪，亚述利亚征服了巴比伦和苏美尔地区，这里是两河流域即美索不达米亚的中心，同时还占领了叙利亚和巴勒斯坦（第一个以色列王国，灭亡于公元前 721 年），甚至也征服过埃及（在公元前 7 世纪短暂地占领过①）。亚述利亚第一个完成了同时统治人类历史上最早的两大文明发源地的伟大事业——一个是底格里斯河和幼发拉底河流域，一个是尼罗河流域。特别是其存在的最后 100 年，在辉煌一时、富有建树而又精妙绝伦的统治之下，亚述

① 在公元前 671 年到前 653 年，参见 Georges Roux, *La Mésopotamie*, Paris, Seuil, 1995, pp. 372–377。

利亚合理地展现了帝国最早的形象。[1]

因此，亚述利亚向外进行了扩张：占领了整个新月沃土，甚至还有埃及。它有能力解除臣民的武装，从地中海到波斯湾，并且通过军队带来的恐惧以及残酷的刑罚让他们进贡，同时，从那里扩展定居圈。“定居圈”指的是在它的压迫下归顺并有生产能力、可随意向其课税的农民和城市。它毫不犹豫地通过流放人口来调动被征服地区的人力资源，打压被流放人口的抵抗，同时也是为了将他们集中到更加需要劳动力的地方。[2] 最终，它建立了一些颇负盛名的都市，或者说“王宫城”，包括亚述、霍尔萨巴德、尼尼微。值得一提的是，《圣经》里提到了尼尼微并诅咒它，而这种诅咒在基督教和伊斯兰教中深入人心。

然而，亚述利亚还缺乏成为帝国的几个关键条件。第一个正是和平。尽管帝国的确是起源于一次征服运动，但是只有关上战争的大门才能建立帝国，就像奥古

① Georges Roux, *La Mésopotamie*, pp. 383–399，尤其是 pp. 395–399。

② 这实际上是帝国的特权之一，也是帝国最常见的做法之一。拜占庭帝国的首都在 747 年曾遭到鼠疫的侵袭，后来它通过调动希腊岛屿和大陆上的原住民来增加首都的人口。在 9 世纪末，它向外流放保罗派的异教徒，从小亚细亚东边的边境地区朝着欧洲地区流放，之后又招募他们加入自己军队的麾下。被流放的人口，比如在一次反对帝国的叛乱之后，事实上他们在流放途中常常获得帝国的“部落”地位，即战士的供应者。这样的情况数不胜数：从波斯阿契美尼德王朝时期阿斯旺犹太人的驻军，一直到第二次世界大战期间被流放的车臣人在苏维埃政权最后几十年为其军队服役的例子，都是如此。

斯都在罗马做的那样。实际上最后一代亚述人仍然在为维护自己的霸权、威慑自己的臣民而战斗。就像大部分帝国一样，亚述利亚在公元前 609 年灭亡，并不是缓慢解体的，或者是因一次残酷的蛮族入侵，而是因为它降伏的地域上的一次整体叛乱。这次叛乱是由最危险的两支敌对的阿萨比亚煽动并领导的：伊朗高原的米底人和阿拉伯草原上的部落首领（巴比伦新的主人）。亚述利亚的都城遭到毁灭，这个地方重新陷入沉寂，此后的帝国历史中一直没有出现真正可与其相提并论的事情。不过，当帝国成功地将其建立起来（尤其是首都）时，帝国得到安抚，民众定居生活的中心明显就成了侵略者企图攫取的战利品。侵略者一不留神便将其摧毁，继而掠夺帝国在其中积聚起来的财富与人口。[①]

借用中国历史文献中的话，亚述利亚其实更类似于一个“战国”，通过无休止的战争来把握帝国的命运。若使用伊本・赫勒敦的术语，我们谈论的就是帝国潜在的阿萨比亚。对于这些历史形态（我们可以将中国公元

① 甚至侵略者可能会调用这些财富与人口，当然是为了他们自己的首都，如果他们没有把被征服者的首都作为自己首都的话。这样，罗马掠夺了亚历山大里亚、安条克（Antioche）或帕加马（Pergame）。或许，亚述利亚散布的仇恨可以解释这种彻底的毁灭，这种帝国末期（公元前 612—前 609 年）留下的毁灭的印象。但是有另一种解释，即这个帝国定居的中心（并不完全只有一个）是在巴比伦尼亚，而不是在亚述利亚。

前 4 世纪及公元前 3 世纪的战国归于其中，它们处于公元前 3 世纪末建立起来的帝国的前夕）来说，同时也对于面对波斯帝国的希腊城邦、处于征服地中海地区曙光之中的罗马共和国，对外扩张头 100 年中的阿拉伯人，或者 6 世纪到 8 世纪欧洲的几个蛮族王国（包括法兰克王国）来说，战争是一次获利，不是一种财政负担；而战争对于帝国来说是一种财政负担，因为帝国依赖的是专业化的军队。① 在亚述利亚，正如在法兰克人的世界，战争需要集结起大量的人民军队。② 在另一种情况下，同名的民族（亚述人、法兰克人）保留了对暴力与战争职能的控制，而完备的帝国（我们之后会看到，在帝国热衷于排斥暴力的情况下）不可避免地将暴力与战争的职能从国家的缔造者手中收回，并将这些职能送交给异国人或蛮族。③

① 我们或许可以在这份已经很长的清单上加上许多其他国名。某些现代化程度高很多的历史形态在其历史中的某一时刻极度地军事化（就像 16 世纪的日本，或者天主教国王统治下的西班牙），这些历史形态能够对应这个“征服的王国”的定义。

② 在亚述利亚，似乎步兵的重要性高于马车或骑兵，占主要地位。参见 Jacques Gernet, *Le Monde chinois*, op. cit., I, pp. 95–96 关于步兵出现的叙述，认为在公元前 4 世纪和公元前 3 世纪的战国，步兵尤其是用于车战。

③ 这就是为什么公元前 609 年在亚述利亚曾经的首都中，伴随着最后的士兵被歼灭，亚述民族灭亡了。不论这一段历史是真事还是传说，我们在罗马衰落的历史中不会找到相同的片段，也不会在任何一个中国朝代的末期找到类似的情节。这段历史将亚述人的种族起源和他们的战争职能联系在了一起。

阿契美尼德王朝治下的波斯

我们之所以说亚述利亚是潜在的帝国，是因为和平而高产的帝国的雏形已经呼之欲出。正如我们已经提到的，和其他大多数例子一样，帝国人民武装的解除与帝国人民的富裕创造出了以征服为目的的暴力集合体。如果没有和平做准备，就不会有集体的暴力存在。在公元前 7 世纪末的东方，亚述利亚区域内真正的生产中心（也是文化中心）在两河流域的中部和南部，几百年来巴比伦无可争辩地一直是那儿的首都。亚述帝国被打败（公元前 612—前 609 年）后，巴比伦又回到一个起源于闪米特人的草原部落王朝（公元前 623—前 538 年），这个王朝在尼布甲尼撒二世（Nabuchodonosor Ⅱ）的统治（公元前 605—前 562 年）之下，为了自身利益迅速重新统一了新月沃土。[①] 但是与亚述利亚另一个伟大的征服者——米底人（之后是其姻亲波斯人）的伊朗王国的交锋是不可避免的。实际上，对于这两个国家实体来说，存亡的关键是一样的：巴比伦和美索不达米亚。谁赢得了它们或者保住了它们，谁就是世界之王。正是这一文明选定了有能力将其征服的蛮族国王为皇帝。

① 这段历史最著名的片段就是公元前 587 年攻占耶路撒冷和摧毁犹太国（以及所罗门神殿）。

最后，优势在于波斯一方。波斯国王居鲁士（Cyrus）在公元前538年占领了巴比伦。像尼布甲尼撒二世王朝的战败者一样，同时与亚述利亚的国王们不同，居鲁士与其继任者们在被攻占的巴比伦保留了首都职能的很大一部分，从而符合帝国的特征之一：通常，他们定居的大河流域会成为他们统治的中心，虽然从定义上来讲，征服者王朝（来自部落世界）是那里的外族。征服了那里的蛮族阿萨比亚便定居在那里。首先是因为这个定居的生产中心为他们提供了财政收入最主要的部分，同时也因为几百年以来，巴比伦（自称是阿卡德和苏美尔的继承者）呈现给人们的形象就是一个文明博物馆。亚述利亚的国王们满怀虔敬的心情编纂了两河流域最古老的大事记。这次轮到了他们，波斯人，历史的新来者，采用臣民闪米特人交际与写作的语言。管理帝国使用的语言是阿拉米语——闪米特人、叙利亚人的语言，当时已成为新月沃土全境主导和通用的地方语言。征服者们的语言，古老的波斯语，用于抄写两河流域神庙的楔形文字。他们的艺术如饥似渴地从亚述人和巴比伦人已有的艺术典范中汲取着灵感。

这样一种征服者采纳被征服者的文化的例子不可胜数。自古希腊罗马时期以来这便是不言而喻的事实：被征服的希腊文化征服了罗马侵略者。两河流域本身就是最古老的例子。阿卡德和巴比伦保留了被征服的苏美尔人（之后消失不见）的语言和信仰，而亚述利亚保留了阿卡德和巴比伦的语言。然而，我们几乎没有注意到的是，根据伊本·赫勒敦的理论，这关系到构建帝国机制的一个层面：一方面分离出生产职能，另一方面分离出暴力和作战的职能。一种语言和文体用于谈论沃土、城市、神灵或者哲学；另一种语言和文体用于谈论草原上的战士们，谈论军营或者宫殿。① 这种二分法在罗马帝国世界具有根本意义，表现为拉丁语与希腊语之分；在蒙古人治下的中国（13—14 世纪）、女真人治下的中国（12—13 世纪）及女真人远亲满族人治下的中国（17—20 世纪），这种二分法也出现了。它同样存在于伊斯兰世界，一直延续到近代和殖民时代。②

波斯人的阿契美尼德王朝（公元前 538—前 330 年）

① 在定居世界产生的结果、益处之中，实际上应当说神灵占据了显著的地位。神庙在积聚财富（也因而在财富流通）中扮演了十分关键的角色，而财富的流通是帝国的目标与主要的问题，尤其是在仍然贫困的经济之中，在那些几乎或者根本没有货币化的地区尤其如此。中世纪早期（在 6 世纪到 11 世纪之间）西方的修道院，以及维贾亚纳加尔王国时期（Vijayanagar，14—16 世纪）印度的神庙，就扮演了这种蜂巢的角色，在这种蜂巢中积累着从一些本质上为乡村的地区收集来的蜂蜜。但另外，在世界性的大宗教（基督教或佛教）取得胜利之前，对神灵的保护限定于一片领地中。赢得一片领地，就是赢得一位神灵，以及这位神灵的屋宇（神殿）与恩惠。

② 尽管殖民者的语言有时会占据阿萨比亚和宫廷语言的地位。在巴基斯坦，英语首先是军队的语言——也因此成了国家的语言。

建立起了也许是人类历史上的第一个帝国。波斯人极大地扩展了自己帝国的疆域，远远胜过盛期的亚述王国，更不必说超过了所有之前的国家。公元前6世纪末期，在短短几十年的时间内，它就兼并了小亚细亚、爱奥尼亚（Ionie）海岸的全部希腊城邦和埃及。阿契美尼德王朝的统治因此补充了帝国最为关键的条件之一：对已知世界上所有人口最为密集、最为高产的土地进行统治，尤其是埃及和两河流域，这些地区在此之后几千年都成为人类的定居之地，在外来的主人的压制下担负生产和募集税款的职能。[①]

相反（或者说因此），阿契美尼德王朝结束了其对外征服的活动。这个所谓的史上第一个帝国的历史出现了一种罕见的情形，甚至可以说是独一无二的情形。我们获得的记载并不照例来自帝国的公署，而是来自帝国的边境部落之一留下的痕迹——确切地说是指希腊人，希罗多德（Herodote）这个人［他实际上来自哈利卡那苏（Halicarnasse），在波斯的扩张中被征服的一个爱奥尼

① 此外我们还可以加上小亚细亚的西部，尤其是吕底亚（Lydie）和现在的土耳其爱琴海沿岸的希腊城邦。埃及和两河流域同样进入了帝国的疆域，但其地位不同。如前文提到的，阿契美尼德帝国参考借鉴的主要是两河流域，而对埃及的借鉴则微乎其微。比起巴比伦，埃及在屈从一个特别陌生的帝国法则时表现得更为迟疑不决。最后应当强调的是，阿契美尼德帝国向东延伸到了印度河流域和中亚，帝国在对这片土地进行管控时将会遇到困难。

亚城市]。希罗多德的《历史》主要谈论的是波斯帝国，以及波斯悲剧的症结，即主张与希腊人对峙。希罗多德告诉我们，在波斯君王们对抗希腊失败之前，另有三次不成功的征伐，波斯的君王们明智地将其看作命运的征兆。第一次，缔造者居鲁士在与东北的马萨革泰（Massagètes）游牧民族作战时被杀，帝国没能向东走得更远。[①]居鲁士的儿子冈比西斯二世（Cambyse Ⅱ）征服了埃及，但是放弃了进一步的冒险——继续向南边的埃塞俄比亚进攻。在北方，大流士一世（Darius Ⅰ，冈比西斯二世的继承者）想要征服位于黑海另一边的斯基泰人，但是他的远征军在被难以捉摸的敌人抛弃的草原上迷失了方向。最终他放弃了。剩下的就是西方以及希腊。

无疑，我们看待这个过于完美的传说时不应拘泥于某些细节。它的价值在于强调了以下事实：对于希腊人希罗多德来说，从此就有了一个世界的中心，从这里可以通往四面八方——而这个中心，就是波斯帝国。因此，希罗多德书写了历史的新篇章，令外族的希腊人刮目相看，他们承认了波斯成为中心而自己不再是中心的事实。但是这位历史学家也告诉我们，所有的中心都应

① 马萨革泰人通常会被认为是斯基泰人，也就是说，像东部的伊朗人一样都是波斯的游牧民族。参见 René Grousset, *L'Empire des steppes: Attila, Gengis-Khan, Tamerlan*, Paris, Payot, 1965, p. 37 第三个注释。

当接受外围的存在，所有的帝国都有冲不破的“长城”。希腊就是波斯帝国的“长城”。

公元前490年和前479年，波斯人曾两次尝试将希腊城邦并入自己的帝国，均告失败。第一次，公元前490年，在马拉松（Marathon），雅典的重装步兵击溃了装备更轻便的波斯军队。[①] 十年之后，一支人数比之前多得多的波斯军队在温泉关（Thermopyles）战胜了斯巴达人，继而占领了雅典。但是在萨拉米斯（Salamine），波斯人在海上被雅典人及其盟军打败了。第二年希腊城邦联合起来取得了陆上的胜利，保证了自己从此以后再也不受阿契美尼德人的威胁。

希腊人，胜利的蛮族

然而，得胜的雅典人同最亲密的盟友缔结了一个具有挑衅性的同盟“提洛同盟”（ligue de Délos），目的是使敌人彻底地溃败而逃，并解放小亚细亚爱奥尼亚海岸的希腊城邦，同时尝试着挑战阿契美尼德人对埃及不稳固的统治。大约30年内，这个提洛同盟（岛上及爱奥尼亚沿海地区的数十个希腊小城邦加入了这个同盟）继续

① 战斗的规模或许相当有限：有不到100个雅典人死去，而“波斯人”（其中很多来自异国的辅助部队，他们已经成了军队的主要人种）的损失要大得多。

与阿契美尼德帝国发生冲突，输赢各半，一直到公元前449年签订了《卡利亚斯和约》(paix de Callias)才宣告结束。其所追求的是与周边希腊地区之间的和平相处，以及明确的分界线，这对一个帝国来说是再自然不过的。而在面对提洛同盟（从一方面来看，提洛同盟至少是帝国定居生活的大河流域上得胜或者解放的阿萨比亚）的战争事业时它的态度并不是这样。同盟计划的相对失败与它逐渐变成一个雅典城邦有关系，起初同盟成员自愿地做出贡献来供养雅典城邦，但到最后同盟中的首要城邦将这些城邦的贡献看作理所应当征收的贡税。[①] 其他例子也可以说明这一点——16世纪末日本企图征服中国失败[②]：得胜的阿萨比亚失败后常常会回到君主政体。雅典在《卡利亚斯和约》之后花了同样的精力来解除过去盟友的武装（实际上这些盟友已经成为雅典的臣民），禁止他们发动战争，限制他们只能使用雅典的货币，接

① 除非涉及另一方面，除非同盟在军事上相对的失败，尤其在埃及，导致了一个国家的建成。需要补充的一点是，雅典是一个庞大的城邦，据估计，公元前5世纪时其居民（包括城区和领地）有40万人，其中至少有一半人是奴隶和外邦的希腊人（“居住在雅典的外国侨民”）。如果我们认为整个希腊有300万人，雅典人口就占了八分之一。

② 或者还有，匈牙利王国在莱希菲尔德（Lechfeld）之战（955年）失败之后生活定居化，并且于公元1000年皈依基督教；或者12世纪时君主们十字军东征的失败为13世纪国王弗雷德里克二世（Frédéric Ⅱ）和圣路易（Saint Louis）的事业开辟了道路。

受雅典的佃农以及雅典的贡税的要求；先前雅典花了30年时间鼓励他们与波斯人作战，以及为自由而战。

正在成形的雅典帝国解除了希腊人的武装，将波斯帝国从提洛同盟得胜的暴力武装中解救出来。相反，雅典霸权的倾覆[公元前404年，伯罗奔尼撒（Péloponnèse）战争末期]和提洛同盟的解散立即导致希腊重新构成对波斯帝国的威胁。[①]不过，雅典曾为了自己的利益（也是为了阿契美尼德人的利益）解除希腊人的武装，这一行动在波斯帝国显露出军事上的弱势（请求边境地区新兴力量的援助）时停止了。公元前401年，伯罗奔尼撒战争结束差不多三年，利用一次王位继承争端的机会，帝国的觊觎者之一请求希腊雇佣兵提供帮助。[②]幸亏有了这些雇佣兵，他才占得上风，但是在即将占领巴比伦尼亚时他被杀死了。幸运的对手没能成功地阻止希腊雇佣兵用他们的长枪开辟出一条路，这条路直通远方的大

① 公元前431—前404年的伯罗奔尼撒战争中，作战的一方是雅典人及其提洛同盟的盟友们，另一方是其他大部分较大的希腊城邦[尤其是斯巴达、科林斯、锡拉库萨（Syracuse，希腊殖民地西西里最主要的城邦）]组成的反抗雅典的霸主地位的联盟。雅典战败，其帝国、提洛同盟也因这次失败而消亡了。雅典人修昔底德是研究此次战争的历史学家，就像希罗多德是研究抗击波斯人的米底亚战争即波斯战争的历史学家一样。

② 在这些雇佣兵之中，当然有很多公民被纳入军队是通过伯罗奔尼撒战争，他们在这场波斯的冒险中看到能够很快得胜的希望。参加这场战争的色诺芬（Xénophon）是万人远征（Dix Mille）这段恢宏历史的编年史作者。

海，通过大海他们可以到达希腊的土地，途中他们发现这是一个被解除了武装、管理不善的帝国。我们不会对帝国中心地区被解除武装感到诧异，也不会惊讶于荒芜的山区或沙漠（财政上收益最小的地方）被遗弃。同样，与帝国同名的缔造者——波斯人（其胆怯和阴险在公元前 4 世纪成为希腊演说中的习用的话语）军事上的衰弱、向外国的部队寻求帮助以及权力的军事根基的复兴是帝国发展过程中的常态，正如伊本·赫勒敦推理的结果一样。而且这些现象也证实，阿契美尼德王朝正是第一个配得上帝国之名的历史形态。[①]

亚历山大大帝和希腊化世界

在公元前 401—前 399 年的万人远征之后，由斯巴达国王阿格西劳斯（Agésilas）领导的远征扫除了帝

① 由于缺乏流传至今的阿契美尼德王朝的文献资料，我们也许无法获得这些历史进程的证明。然而，通过耶路撒冷神殿的档案资料（保存在犹太人的司法协商的文集中）我们知道，埃及帝国南面的边境地区由驻扎在阿斯旺的象岛（Eléphantine）的犹太人卫戍部队保卫着。在用阿拉米语书写的这些通信当中，这支犹太驻军向神殿提出了一些有关法律惯例的问题。自从巴比伦衰亡和神殿重建以来，犹太人就是帝国忠诚的盟友。当然，他们就像其他很多人一样，为帝国提供军事服务。在公元前 7 世纪，亚述军队就已经有相当大的一部分由说阿拉米语的部落军组成。而且阿契美尼德王朝也很有可能曾经向斯基泰人的雇佣兵求援，就像他们之后公元前 2 世纪和公元前 1 世纪的帕提亚人一样。参见 René Grousset, *L'Empire des steppes*, op. cit., p. 68。

国力量的反抗（公元前386年），最终到达了萨迪斯（Sardes），这里实际上是小亚细亚的吕底亚的首都，波斯无疑走向了衰落。在其后50年里，领导权的问题使得希腊人的关注点从战利品上移开。接着，迟疑不定的一些城邦组成了联盟，脱离了斯巴达的统治，之后又脱离了底比斯（Thèbes）的统治，甚至还脱离了雅典的统治，这发生在希腊人同意归顺一个新来的当权者——马其顿的国王腓力之前。腓力国王在20年中耐心地为他的胜利准备着，终于在公元前338年于喀罗尼亚（Chéronée）战胜了雅典人和底比斯人。马其顿人残暴地统一了希腊，此次统一本来可以通过解除希腊人的武装而解救波斯帝国，类似于雅典人通过操控提洛同盟来缓解希腊对小亚细亚边境、埃及边境的军事压力。这项政策因为腓力的去世以及他儿子亚历山大的即位而作罢，其实也出于如下的考虑：马其顿人不想再羞辱希腊人，尤其是雅典人（马其顿人仰慕雅典人的文化），而且想要赢得他们的同意以开展共同的事业。事实上，马其顿的胜利者面前摆着两条路：压制希腊人使其成为臣民；或者相反，利用希腊高度的军事化（公元前4世纪的政治斗争造成了这种军事化）组建一支不可比拟的作战的阿萨比亚以征服世界。1 000年以后，穆罕默德和他最早的阿拉伯哈里发们也会面临相同的选择，而他们同样决定走上征服的道路。[1]

三场战役导致了波斯帝国的覆灭，从某种意义上来说，征服者的脚步甚至超越了其国界，一直到了印度河流域和旁遮普（公元前 333—前 323 年）。在印度时亚历山大大帝的士兵们拒绝跟随他继续远征，这也许证明了士兵们头脑中存在这样一个想法：将世界的中心视为曾经的波斯帝国的领地。亚历山大大帝于公元前 323 年在巴比伦去世，他曾想过将巴比伦作为自己的首都，就像他之前的波斯人一样。而他的部下瓜分了他的遗产，这就注定事情会有所变化。托勒密（Ptolémée）掌有埃及，以及在那里可望征得的除了两河流域之外任何地方都难以匹敌的税收，正是他第一个心甘情愿地割让出自己的土地。尽管希腊化世界在政治上分成多个部分，但它较全面地体现了一个帝国的特质。我们从中可以看出生产者与暴力施行者的区别：原住民被解除武装执行生产任务，希腊人或者马其顿人负责施行暴力、保卫国家。[2] 我

① 尽管希腊人口在马其顿王国时期有所增长，但它的人口大概是波斯帝国的八分之一或十分之一（希腊总人口稍多于 300 万，波斯帝国至少有 3 000 万人，大概是世界其他地区人口的六分之一）。然而波斯帝国解除武装说明，其能调动的士兵的数量和质量远次于其入侵对象。在伊斯兰教征服时期，这种不平衡不利于阿拉伯人抗击联合起来的拜占庭人和波斯人，表面上这种不平衡甚至更加严重。然而如同在其他情况下，侵略者轻易地取得了胜利。

② 很有可能涉及的问题，即希腊从公元前 3 世纪开始人口减少的问题在很大程度上是因为希腊人朝着被征服的新土地、朝着地中海地区的都城（转下页）

们也可以发现国家建立在税收与和平的基础上，而不是建立在战争和战利品的基础上；国家关心的事情是保存实力而不是征服他国，以及集体构建世界的中心、占领其最为肥沃的土地的意识（毗邻的罗马人和迦太基人暗暗认可了这一点）；此外还可以加上一点，就是希腊人曾嘲笑波斯人、罗马人曾嘲笑希腊人之军事价值急剧下降。

罗马

希腊化时代帝国的持续时间严格地与伊本·赫勒敦设想的相符：一个世纪多一点。从公元前 225 年开始，来自伊朗高原东北部的游牧民族帕提亚人，重新占领了过去阿契美尼德帝国的核心，先是伊朗，之后是两河流域，它们是构建帝国不可缺少的税收储备；在那儿帕提亚人建立了自己的首都，与他们的继任者萨珊王朝（224—652 年）的人们所做的完全一样。① 伊朗的复兴很

（接上页）（亚历山大里亚、安条克、帕加马等）移居。在伊斯兰国家的征服运动之后，同样的现象出现在阿拉伯半岛（方式甚至更为惊人）。之后的 2 000 年，希腊不再扮演希腊语世界的主角，正如阿拉伯半岛在 7 世纪末不再扮演阿拉伯语世界的主角一样。

① 帕提亚人可能是斯基泰人的后裔，他们来自咸海沿岸地区之外，在阿姆河（Amou-Daria）河谷低处［在现今乌兹别克斯坦（Ouzbékistan）的北部］定居，后迁移到里海（Caspienne）的东部和南部。参见 Édouard Will, *Histoire politique du monde hellénistique*, op. cit., pp. 301–304 中对希腊起源问题的讨论。在（转下页）

可能会使其继续向西征服，如果同一时刻罗马还没有开始庇护希腊地区的话。[①] 实际上，历史上第一次罗马在地中海西部集结以帝国阿萨比亚的形式存在的暴力，就是在希腊世界的边界上。希腊是这次军事动员的关键所在，也因此成了牺牲品。

罗马与迦太基（Carthage）差不多处于同一时代。从公元前 5 世纪起，迦太基和西西里、高卢沿海地区的希腊人之间就发生了冲突；在公元前 3 世纪初，罗马与意

（接上页）阿契美尼德王朝消失不到 100 年后，其曾经的领地上就诞生了一支新的阿萨比亚，它的势力之强大足以报复势力变弱的希腊人，这并不令人感到意外。在过去直到 18 世纪印度的所有帝国中，在理论上受控制的领地内部存在着众多的分裂团体。帝国在加强对富饶地区的控制和忙于解除其武装时，甚至也离受控制的地区和部落所在的危险“边境”之间的交战状态和暴力越来越远，而自然地，新的阿萨比亚就产生于“边境”地区。这些暴力的“边境”地区可能在地理上特别集中。此类的例子有：在伊斯兰教的历史上，里海沿岸地区在 9 世纪时几乎被伊斯兰教化，10 世纪时那里就发生了白益（bouyide）暴乱，很快白益王朝就成了巴格达的主人；9 世纪末发生在阿拉伯半岛东部、伊拉克以南的卡尔马特 (qarmate) 运动。色诺芬在穿越曾经的亚述利亚（在现今的库尔德斯坦）时感到惊讶。亚述古国在巴比伦尼亚以北几百公里的地方，占领此地的部落不承认波斯帝国的权威。因此，希腊作家们把“东方的”虚假和怯懦归为所有波斯人的特点是非常错误的。很快东方就显露出了自己的能力，能够找到别的暴力来源来替代已经消失的阿契美尼德人。

① 粟特（Sogdiane，中亚的河中地区）和巴克特里亚［Bactriane，奥克苏斯河（Oxus）南部，横跨伊朗东北部、阿富汗和今天的巴基斯坦西部］的印度－希腊王国在随后的一个世纪中消失了，“印度－斯基泰”王国从中得益。斯基泰人是一群伊朗部落。公元前 212 年到前 70 年之间，希腊人试图重新征服两河流域，在那里帕提亚人为了同希腊人作战向这些伊朗部落求援。参见 René Grousset, *L'Empire des steppes*, op. cit., p. 68。

大利南部和伊庇鲁斯 (Épire) 的希腊人之间起了争端。但是在前两次布匿战争期间（公元前 264—前 202 年），他们长时间的冲突最主要的原因一方面是为了积聚和控制战士的储备，另一方面是为了争夺直到那时几乎未受过国家统治的地区（在地中海西部）的矿产资源或自然资源。虽然汉尼拔（Hannibal）取得过胜利，但他在进攻罗马联盟在意大利中部的堡垒时失败了；相反，罗马打赢了战争，在高卢，尤其是在西班牙和马格里布 (Maghreb)，获得了迦太基需要的有用的暴力资源。处于现阿尔及利亚东部的努米底亚 (Numides) 联盟同罗马一道，掳掠了迦太基最好的一批战士，并帮助西庇阿 (Scipion) 于公元前 202 年在扎马 (Zama) 打败了汉尼拔，取得了最后的胜利。

作为地中海西部的主人，相较于地中海东部的更加贫困且人口更少的希腊，罗马有能力在地中海全境实现一种帝国特有的结合：将游牧（西部的）与定居（东部的）结合起来，将暴力与生产结合起来。这不是因为在地中海东部大河流域周边广袤的土地上，已不再有“游牧”部族和不受管辖的地区；之后还有其他帝国能够利用游牧部族的力量：拜占庭和晚期的罗马将拥有伊利里亚，更晚些，还有卡帕多西亚（Cappadoce）以及亚美尼亚；奥斯曼帝国将拥有塞尔维亚、波斯尼亚或阿尔巴尼亚。而这是因为，地中海西部进入权力游戏将为罗马帝国提供一些几乎取之不尽、用之不竭的阿萨比亚资源，这大概是罗马帝国为何长命的主要原因。

实际上，罗马军队接纳了所有归附的部族。波斯人和希腊人构成了罗马帝国最主要的力量。军事效能不足的问题越来越严重，以至于他们需要招募的外国雇佣兵越来越多，然而这些兵员依然被视为外国人。与此不同的是，人们在加入新帝国的军团之后就变成了罗马人。罗马的阿萨比亚就是整个地中海西部，一直到莱茵河和摩洛哥的里夫（Rif）。这支阿萨比亚的消失需要花上几百年。相反，其财政基础和大部分定居人口主要分布在地中海东部、埃及、叙利亚中部和北部、小亚细亚的西部和希腊诸城邦，正如西罗马帝国灭亡之后的拜占庭帝国向人们展示的那样。将体量巨大的罗马的出现描述为地中海西部的野蛮力量对古老的地中海东部（因继承了新石器时代之前的遗产和历史最初几千年的灿烂文明而依然十分富裕）征服的结果并非不恰当。出于对希腊文化的尊重（罗马在这方面是无法超越的典范），精英们和帝王们私人的生活习惯都是使用希腊语，而在发布军事命令、发表帝政演说方面却完全是另一派景象；这一切都显现出职能方面的显著区分，即一方面是权威和暴力的职能，另一方面是生产和文化的职能，而伊本·赫勒敦说的国家存在的基础正是如此。[①]

因此，罗马对希腊世界的征服几乎与亚历山大大帝对其的征服一样迅速（不过罗马的元老院经过计算之后认为罗马对希腊世界的征服更快更好）。[②] 罗马的三次胜利分别是公元前 197 年在基诺斯山（Cynocéphales）和公元前 168 年在彼得那（Pydna）两次战胜了马其顿的国王们，以及公元前 189 年在斯皮尔（Sipyle）的马格尼西亚（Magnésie）战胜了叙利亚的塞琉古王朝（Séleucides），这足以保证罗马霸权赢得这个除此之外还受到伊朗复兴运动威胁的地方，同时罗马也有能力安抚这里的贵族阶级。甚至，军事行动的快捷有效证明了地中海东西之间存在着的鸿沟：几年前罗马人迎战迦太基人还困难重重，而今很快就轻松地统治了东部并树立了威望。[③] 对朝向东部的扩张，罗马的平民阶层进行了最顽强的抵抗，他们有理由对于正在发生的变化表示怀疑。实际上，征服东地中海地区给罗马的元老院元老们带来了军队的首领和国家的管理者（尤其是公元前 2 世纪给西庇

① 我们将要证实，在苏埃托尼乌斯（Suétone）笔下，好几位皇帝［比如提比略（Tibere），在私人生活中非常希腊化］在公共场合出现时还是坚持使用拉丁语。

② 也与阿契美尼德人征服东方一样快。

③ 公元前 168 年在彼得那，罗马人在一个小时内就打败了马其顿人的军队（被认为是亚历山大军队的继承者）。参见 Édouard Will, *Histoire politique du monde hellénistique*, op. cit., p. 277。然而其他战争［对方是米特拉达梯（Mithridate），以及黑海岸边和安那托利亚（Anatolie）内部的人民］会更加艰难。

阿家族带来了这些），以及（东部）从地中海西部的战士储备库中汲取力量的财政手段。两个世界（西部的游牧世界与东部的定居世界，一个暴力，一个富裕）之间的联系与汇合预示着可能形成一支长期高效的军队，进而形成一个国家，到那时罗马平民将被来自西班牙、高卢或努米底亚的臣民取代，得到埃及或者小亚细亚进贡的回报。[①] 平民阶层的捍卫者发现了某种规则（这一规则得到所有处于发展时期的帝国的验证）：统治者（这里指元老院）在新征服的领地上（一般而言，与统治者获得他的阿萨比亚的家乡相比，这些领地的定居化程度更高）比在首都更有权势。[②]

根据这个思维，帝国的逻辑是希望把首都建在财政收入最高的定居土地的中心，即曾经的希腊化帝国，一旦罗马的霸权在那儿不再受到质疑（也就是说自从公元前 1 世纪起）。居鲁士和大流士一世曾经十分仰慕巴比

① 从 2 世纪末起即成为现实（随着即将完成一支专业化军队的征募与建立）。的确，平民阶层同样促进了战争的爆发，但更确切地说，偏向于波河平原殖民化的农耕地，罗马地理区域的内高卢。

② 我们观察到，中国的汉武帝时期（公元前 140—前 87 年）出现了同样的现象：在最新获得的土地上权力最大（Jacques Gernet, *Le Monde chinois*, op. cit., I, p. 154）。17 世纪和 18 世纪英国也出现了同样的现象：国王在殖民地（尤其在美洲）拥有一支军事力量，在英国国王被禁止使用这支军队，这支军队使议会很不安。东印度公司的军事力量受到议会的严格控制。

伦[①]，亚历山大大帝在那里去世，还有前文说过的，帕提亚人和萨珊人也曾选择两河流域，而他们不是那里的原住民。罗马政权没有做过任何相似的事情，至少一直到君士坦丁大帝（4世纪时他在东部中心建立君士坦丁堡）都是如此。然而我们注意到，在公元前1世纪内战的过程中，罗马政权在两个时刻曾有所犹豫：公元前48年，在法萨卢斯（Pharsale），高卢的征服者恺撒大帝（此外得到了罗马平民阶级和部分西班牙人的支持）迎战东方希腊的保护者庞培，并将其击败。还有更明显的一次，公元前31年在亚克兴（Actium），屋大维（Octave，当时已经将整个西方统一于他的麾下），未来的奥古斯都，迎战马可·安东尼（Marc Antoine）。马可·安东尼受到东方的支持，尤其受到埃及托勒密王朝克利奥帕特拉王后（Cléopâtre，亚历山大最后一个伟大的继承人）的支持。屋大维赢得胜利。翻阅之前的历史，我们便不会惊讶于帝国西部对于东部的这两次胜利。[②]可能这就是将帝国中心保持在罗马的时机。但毫无疑问的是，也正是

① 在苏萨（Suse）旁边，极其富裕的苏萨地区中心，我们现在说的胡齐斯坦省（Khuzistan，历史上曾与伊拉克相连），10世纪时阿拔斯王朝的预算开支很大程度上还会依赖于这个地方；当然，还有波斯波利斯（Persépolis），它是一个都城-王宫胜过它是一个行政和财政的首都。

② 一次东部和西部之间、拉丁世界和希腊世界之间的冲突，与这些事件同时代的人极好地利用了这次冲突，罗马世界的霸主奥古斯都乐于着重对这次冲突进行宣传。

因为帝国西部的这个选择，罗马得以（像曾经那样）彻底地调动起地中海西部的物质资源和人力资源，并使帝国延续了好几个世纪。

从公元前 2 世纪末起，帝国形成的条件即已具备。不过，帝国形态的完成还需要休战与和平。西边的海洋、南边的沙漠显然构成了天然的屏障。① 此外，在东方，克拉苏（Crassus）败在帕提亚人手下（公元前 53 年），在北方，瓦鲁斯军团败在日耳曼人手下（公元 9 年），这两次失败的打击进一步促成了休战。就像阿契美尼德帝国一样，罗马通过边境上的两次失败使帝国日臻完善[边境保卫着罗马帝国，边境之外的地区不信希腊人的神灵（hybris）]。另外，这次我们不会指责希罗多德的创造力（他巧妙地粉饰了一些事件，此处不予讨论）。

罗马帝国的建立导致的最后一个后果是：向帝国领土的西部进行人口迁移，损害了中东的利益（中东已经见证过第一批帝国的诞生，也因此在那之前一直保有专属的特权）。同一时刻，这一新石器革命的发源地、历史起源的摇篮之地的人口总量与财富份额也开始逐渐减少，这种减少是相对于地中海西部、印度，尤其是古代

① 如果我们不算面积不大的不列颠——现在的英格兰[这一蛮荒地区在公元 43 年被克劳狄（Claude）皇帝占领]。

中国的开疆拓土而言，后者实际上带来了更多的好处。[①]在公元前 200 年之后，没有一个帝国能够在同样的地域上取代阿契美尼德王朝或亚历山大大帝的征服者的地位。我们需要等上 900 年，等到伊斯兰教重新触摸亚历山大大帝远征时达到的地缘政治学的边界，从小亚细亚到印度河，从埃及到河中地区。在此期间，中东分裂成了基本相当的两部分。在西部，面积更小，但是人口更为密集，小亚细亚、叙利亚和埃及是罗马帝国财政收入的重要来源。在东部，伊朗和两河流域构成了波斯帝国，有时河中地区本身也被并入其中，而印度河流域重新与印度王国（贵霜王朝和笈多王朝）的历史联系起来。

毫无争议，两大帝国就是罗马帝国和中华帝国。在公元纪年初期，仅仅这两大帝国就集中了世界一半的人口。这两个帝国彼此分离得更为彻底，一方面，与中国或印度可能存在的情况相比，中国和罗马总的来说更加不了解彼此；另一方面，与阿契美尼德帝国或其继任者（如果存在的话）相比，也是如此。中国或者罗马的这种“孤立”使得它们各自平行发展的历史更加引人注目。

① 回想一下，在公元元年左右，中国大约有 7 000 万人口（500 年之前只有 2 000 万），也就是将近是世界总人口（约 2.5 亿人）的三分之一，因而中国成了人类聚集的主要家园。相同的 500 年内，中东的人口（总是被限定于四边形区域：希腊—埃及—印度—河中地区）增长停滞了，这一地区只拥有世界总人口的大约 20%，但这一时期开始时中东的人口大概占世界总人口的 30%。

汉代的中国

我们不再讨论中国的这个非同寻常的人口飞跃（在公元前 221 年，中华帝国建立的前后几百年中），这在东方世界或地中海世界大概是史无前例的。中国的史书将这之前的时代名之为“战国”，大约开始于公元前 500 年，那时候位于世界另一边的伊朗正逐渐步入飞速发展的时代。战国时代最明显的政治和社会变革与战争有关，尤其在公元前 4 世纪至前 2 世纪之间。分散的社会团体中人口极其珍贵，在其贵族阶级惯常的古老战斗中，马车获得了特殊的地位。新式战争更为激烈，运用骑兵迎战典型的草原民族，尤其是步兵部队，就像希腊城邦和罗马在同一时期做的一样。剑和弓弩也诞生了。[①] 政治版图由七八个王国组成，随后出现的都城表明它们最为富裕，而且得到了最好的治理，正如伊本·赫勒敦的理论设想的那样。实际上，最早在公元前 600 年左右税制就出现了，民事职能和军事职能的区分则出现于公元前 350 年左右。[②] 秦国更加粗野（其胜利的阿萨比亚

① Jacques Gernet, *Le Monde chinois*, op. cit., I, pp. 95–96. 关于骑兵取代马车，勒内·格鲁塞指出是在公元前 307 年，参见其 *Histoire de la Chine*, Paris, Payot, 1994, p. 56。他关于草原帝国的杰出研究正是从那时开始的。

② Ibid., I, pp. 89, 95.

会建立起帝国），并没有值得一提的城市中心。① 类似于公元前第二千纪中美索不达米亚世界已经存在的情况，或者同一时期古典时代和希腊化时代的希腊世界，公元前 4 世纪至前 3 世纪，夺取这些财富与人口汇集的中心（一些城市）就成为冲突的主要原因与目的，而中心地区艺术方面最初的进步也证明了这一点。②

正是秦国（饲养马匹的由粗野之人构成的国家，毗邻草原）在公元前 3 世纪末的时候强有力地获得了它的阿萨比亚和政治权威。③ 它的国王宣称自己为皇帝，推倒被征服的都城的城墙，禁止被征服的人民拥有武器，选出了一个离草原近的首都，咸阳，同时开始修建抵御突厥人入侵的长城。④

在中国，同一代人（从公元前 3 世纪末到前 2 世纪

① Jacques Gernet, *Le Monde chinois*, op. cit., I, p. 106.

② Ibid., I, pp. 101, 106. 锡拉库萨的僭主盖隆（Gélon）和马其顿的德米特里一世（Démétrios Poliorcète），希腊世界伟大的围城战的创始人，与中国类似的变革者几乎属于同一时代。

③ Ibid., I, p. 145. 首先是楚（公元前 275 年以前），接着是周（公元前 249 年）、韩（公元前 230 年）、赵（公元前 228 年）、魏（公元前 225 年）、燕（公元前 222 年）和齐（公元前 221 年）。胜利无法避免地发生在周边地区，秦、晋和楚（p. 94）。（原文如此。楚国都城郢于公元前 278 年被秦攻占，但楚最终灭亡于公元前 223 年。应当说明的是，本书中关于中国历史上一些王朝、事件发生的年代的表述，时有与我们常见的说法不一致之处，以下不一一加以说明，皆从原文。——校译者注）

④ Ibid., I, pp. 146–150. 在公元前 209 年缔造者去世之后，汉朝将首都迁至更南的地方，长安，即今天的西安。

初）完成征服事业，同时（在尚未完工的长城后面）将帝国置于防御的地位。在罗马，同样的过程需要一两个世纪。但是，正如前文已经明确指出的，长城的轨迹通常预示着与帝国分隔的那些人（长城使其与帝国分开）和它达成了契约。至少在这里，从汉武帝（公元前141—前87年在位，他出色地实现了帝国的统一）长时间的统治开始就是这样：增加的财政压力施加于定居的省份（原属于被征服的王国，是中国最富裕的地方）身上，战争则依靠征募蛮族的战士。[1]为了国家利益，这位皇帝大概已经建立了食盐专卖制度。[2]但这么做是为了犒赏军队（其招募的精英来自大草原）。在汉武帝统治末期及其继任者的统治下，国家收入的30%到40%被用来赠予部落联盟的首领，尤其是奖赏给他们珍贵的丝绸。中国已经用精耕细作的农业生产替代了野蛮的暴力，而作为暴力的军事力量中国到自己的边界之外去寻求。[3]

由于上述原因，比起罗马，蛮族就这样更早地出现在中国的历史上。人们在地中海帝国的军团里服役可以

① Jacques Gernet, *Le Monde chinois*, op. cit., I, pp. 153, 189. 有组织的中央税制的建立经历了人口普查的革新，人头税以及广泛的徭役的设立（徭役的设立供养着军队并确保军队的后勤）。

② Ibid., I, p. 333. 至少，当759年，即在唐朝的统治下，盐的专卖制度最终形成时，人们会重新想起汉武帝的功绩。

③ Ibid., I, p. 177.

成为罗马公民；可看起来，当人们为中国的皇帝服务时，他们并不会失去蛮族的身份。突厥系的匈奴，秦国的邻人，在秦建国后差不多两个世代里担负着“帝国的蛮族”的角色，而且实际上一直伴随着秦国，甚至直到300年后汉朝衰落。在此，伊本·赫勒敦也许会承认这是真正的王朝的阿萨比亚。

匈奴首先通过在公元前174—前160年赶走月氏人[①]获得特殊地位，成了受到优待的蛮族。在汉武帝指挥的抗击匈奴的行动（公元前127—前119年）取得胜利之后，匈奴人被纳入军队。帝国的武装力量集中在首都和边境地区，在边境地带，蛮族和汉人混杂在一起，其中汉人定居在军事化殖民地内。在所有的帝国中，执行军事职能的种族专一化使得这些混居人口增多，他们同时带有帝国和蛮族的特质：从帝国这方面来说是保持了对帝国应有的忠诚，从蛮族那方面来说则保留了氏族之间的团结一致以及好战的习性。[②]

① Jacques Gernet, *Le Monde chinois*, op. cit., I, p. 160. 勒内·格鲁塞认为，在月氏人中认出了吐火罗人，他们是巴克特里亚王国（Bactriane，中国史籍中称大夏）和贵霜王朝未来的缔造者，因匈奴得胜而西迁。

② 有许多例子，此处列举若干：晚期罗马帝国的边防军团（limitanei），伊斯兰帝国边境的拜占庭边防军（akritaï），穆拉比特人（murabitun）或穆塔塔维人（mutatawi' a），他们是伊朗世界为伊斯兰教事业奋战的志愿军，尤其是驻扎在与突厥世界接壤的地区。人员混杂的赤眉起义军起义促使东汉皇帝成功即位（René Grousset, *Histoire de la Chine*, op. cit., p. 80）。

因此，作战的机构（包括宫廷）明显地有别于生产地区。[①] 公元前最后几十年以来，匈奴和其他的蛮族彻底统领了军队。中国边境的殖民地逐渐消失。[②] 根据一些数据（这些数据虽不能全然地被接受，但显示出了清晰的趋势），在西汉末期，即公元前 50 年，大概有 6 万名匈奴人臣服于皇帝，而 150 年后在东汉的统治下，公元 90 年时有 23.7 万人。[③] 东汉时期人们往南迁都至洛阳。[④] 然而，在东汉当权者统治下，公元 73—94 年间，东汉军队在中亚占领了塔里木盆地。这次伟大的扩张大概是为了确保帝国对通往印度、伊朗之路的贸易的掌控。但同样，它也是为了寻找新的阿萨比亚以暂时缓和匈奴（从公元 48 年起正式地结成了同盟）衰落的问题。传奇人物班超将军（卒于 102 年）强化了匈奴人的地位，他们与藏族士兵（此处为第一次提及藏族士兵[⑤]）构成了班超军队的主要力量。从 2 世纪中叶开始，轮到班超向鲜卑人（满族人的祖先）发出请求。[⑥] 班超宣称的原则——

① Jacques Gernet, *Le Monde chinois*, op. cit., I, p. 167. 其他阿萨比亚支援边境的阿萨比亚，就像朝鲜人，于公元前 1 世纪首次归并于中华帝国（p. 163）。

② Ibid., I, p. 173.

③ Ibid., I, pp. 173–176，参见 René Grousset, *Histoire de la Chine*, op. cit., p. 82。

④ Jacques Gernet, *Le Monde chinois*, op. cit., I, pp. 192–193.

⑤ Ibid., I, p. 195（关于匈奴的衰落和“原始藏族人”应征入伍），p. 197（关于对塔里木盆地，即新疆地区的征服）。东汉时期还加上公元 1 世纪前半期对越南（越南“东京”，即河内）的征服。

⑥ René Grousset, *L'Empire des steppes*, op. cit., p. 93.

“以夷制夷”——可以在塞尔柱（seldjoukide）帝国的大臣尼扎姆·穆勒克（Nizam al-Mulk，卒于1092年）的行为准则中找到呼应，也可以在11世纪末叶拜占庭帝国皇帝阿莱克修斯·科穆宁（Alexis Comnène）的实践中发现同样的呼应；这一原则在诺曼人（Normands）、库曼人（Coumans）和佩特涅人（Petchenègues）之间施行。也就是说，在那极其遥远的时代，在世界的西部，国家的民政机构明确地把军事机构交给蛮族负责。[①]

结盟的蛮族数量在不断增多，但不足以阻止当时中国的中央集权走向衰落，也无法防止民兵重新出现，尤其是在南方。接着，在公元167年之后，骚乱扩大，在黄巾起义（184—189年）的冲击下达到顶点。这次起义使打击黄巾军的地方武装力量乘机壮大，并且将余下的皇权交到了蛮族将领们的手中。[②]关于1 200年之后明朝的胜利，谢和耐（Jacques Gernet）不无道理地劝诫我们要对“农民起义”（黄巾起义是中国历史上第一次伟大的农民起义）的神话保持警惕。在中国朝代更迭的历史上，部落的“入侵”要多得多，而人民的大暴动实际上获得了社会边缘阶层的支持，这些边缘阶层拥有武装，

① René Grousset, *L'Empire des steppes*, op. cit., p.84. 我们也会注意到帝国高级行政部门自此开始的对于“文官”的轻视（pp. 81–82）。

② Jacques Gernet, *Le Monde chinois*, op. cit., I, pp. 198–199.

被视为罪犯，尤其他们团结一致，特别是采盐人和船工——简而言之，伊本·赫勒敦会把这个群体称为阿萨比亚，通常得到达瓦的支援，且从属于一场异教的宗教运动，就像这里描述的情况一样。[①]

黄巾起义失败了。东汉最终在公元220年退出了历史舞台。东汉皇帝不是被农村地区的反抗赶下台的，而是被“蛮族的入侵”，也就是说，被军队中瓜分中国的蛮族士兵（突厥系的匈奴人，满族人的先祖鲜卑人，甚至还有扬子江以南山区的原住民越人）赶下台的。[②]就像帝国历史中常常发生的那样，“内战”是军事机构内部的种族战争，而明智的执政者会鼓励征募出身不同的士兵加入军事机构，一方面是为了增强军队实力，另一方面也是为了不依赖于军队。[③]

① Jacques Gernet, *Le Monde chinois*, op. cit., II, p. 128. 近代之前中国历史上的三大起义的情况也是如此，而三大起义中只有一个成功地建立了王朝，即明朝。三大起义为184—189年的黄巾起义、874—883年的黄巢起义，以及1351—1368年的以成功建立明朝而结束的元末农民起义。

② Ibid., I, pp. 223–230.

③ 之前我们已经提到尼扎姆·穆勒克（卒于1092年）的格言，即关于建立一个“*ablaq*”——不同颜色的石头，即由来自不同种族的士兵构成的军队——的必要性。伊斯兰世界出现了非常多的这种军事危机的例子，比如：其军队中的柏柏尔人、斯拉夫人和法兰克人之间爆发了战争，在战争的压力下于1031年科尔多瓦 (Cordoue) 出现了哈里发的分裂；土耳其人和努比亚人之间的战争引起了法蒂玛王朝 (califat fatimide) 的哈里发危机（1058—1072年）；18世纪在摩洛哥组建一支非洲军队失败引发了骚乱；在莫卧儿王朝的军队中阿富汗人和土耳其人之间发生过冲突；等等。

第 二 章

思想上对暴力的排斥

（200—750年）

东西方的两大帝国，中华帝国与罗马帝国，在公元第一千纪中期都经历了一次中断。在184年（或者190年，或者210年）到589年（隋朝建立）或618年（唐朝建立）之间的400年中，中国四分五裂。[1] 在200年之后，从378年[瓦伦斯（Valens）皇帝在哈德良堡（Andrinople）被西哥特人（Wisigoths）击败后死去]，或406年（日耳曼人传奇般地越过莱茵河）或410年（西哥特人劫掠罗马）开始，罗马帝国经历了同样的失败。若想再次见到一个帝国的形态，并能够根据其人数和持续时间

① 编年史纪年的第一个倾向于黄巾起义（184年），第二个偏向于魏、蜀、吴三国的建立（190年），第三个则认为是从曹丕在中国北方称帝（曹魏是3世纪最主要的王朝）开始（210年）。

合理地将其视为罗马的继承者，需要等到信奉伊斯兰教的阿拔斯王朝和塞尔柱王朝的建立（750—1150 年）。也许有些人会认为这样的概括太过草率，并且会想到，一道宗教鸿沟隔开了基督教化的罗马人和阿拉伯人，或信仰伊斯兰教的富有的突厥人。伊本·赫勒敦的思想方法可大致归结为对阿萨比亚和承担税赋的人口（为帝国奠基的部落和定居人口）的区分。相反，他的理论强调，伊斯兰帝国继承了罗马帝国最高产的省区（埃及、叙利亚、非洲的突尼斯），而公元 700 年之后，拜占庭帝国（罗马帝国的延续）仅仅保留了罗马帝国生产地区有限的一部分（尤其是小亚细亚）。[①] 在查理曼与其子虔诚者路易（Louis le Pioux）统治的鼎盛时期，他们没能聚集起哪怕是罗马帝国四分之一的人口，也就是这两代人期间（780—约 840 年）差不多有 1 500 万人。用一句话来概括，尽管我们有合适的理由去关注加洛林王朝或圣像破坏运动时期（8—9 世纪）黑暗的拜占庭帝国，但是，在中世纪早期的基督教世界里，很难找出一个合理的罗马继承者。

① 有关从罗马帝国到伊斯兰帝国的片段，参见 Chris Wickham, *Framing the Early Middle Ages. Europe and the Mediterranean (400–800)*, Oxford, Oxford University Press, 2005。我非常感谢埃尔韦·安格勒贝尔向我推荐了这份参考资料。

帝国的中断

在公元200年到600年的中国，或者在公元450年到750年间的地中海世界，帝国的中断持续了三四个世纪。在这期间，在世界的东西两端出现了一些类似的发展变化：人口减少，城市萎缩，中央集权弱化，税收减少，货币化进程减缓，甚至文字的发展都在倒退——因而我们掌握的信息也减少了。[①] 当时的中国，如同地中海世界一样，经历了一段黑暗的时期，这个时期甚至触及了帝国生活（帝国的生活基于税收、城市、官僚制度和不可或缺的生产）的中心。同时，在这两种情形下，普世的宗教排斥暴力，获得了胜利，一个是基督教，另一个是佛教。这种共时性让人好奇。首先这就提出了一个问题（伊本·赫勒敦认为这个问题的答案是现成的，或许并非如此）：帝国及其将税收集于中央机构的举措对于帝国的繁荣昌盛是否必不可少？

这里需要回到我们掌握的珍贵的人口统计资料。中国的人口在公元纪年初期约有7 000万人，而在公元750年前后的盛唐时期只有5 500万人。[②] 在同一时期，伊斯

① 动乱时期造成的破坏当然也加剧了这种倒退：公元190年汉朝的档案和藏书在都城洛阳被毁，而中国北方的继任者曹魏的档案和藏书于319年被毁。

② René Grousset, *Histoire de la Chine*, op. cit., p. 204; Jacques Gernet, *Le Monde chinois*, op. cit., I, p. 335.

兰世界（此时已不再完全臣服于阿拔斯王朝）的人口约为4 000万人，比2世纪时的罗马帝国少1 000万到2 000万人。正如公元第一千纪初叶时的前辈帝国汉帝国和罗马帝国，唐朝和阿拔斯王朝统治着世界上半数的人口（公元200年到700年间世界人口从2.5亿减少到2.1亿）。世界缩小了。

流行病

重大的传染病，尤其是麻疹、天花和鼠疫，广泛传播，且十分顽固，我们可能需要找出其主要原因。[①] 在非常长的时间（其存在的年代之长足以弥补我们稀少的资料）里，即公元前第七千纪到前第三千纪的新石器时代，人类生存条件、未成年人与婴儿死亡率、成人（一度战胜该时代初期第一次传染病的大流行）的寿命长度似乎基本保持不变。相反，公元前第二千纪到前第一千纪出现了微不足道但无可争议的变化。平均寿命（儿童

① 我在这里没有再次提及有关“罗马帝国的危机”，甚至罗马帝国（几百年来受到西方思想的影响）衰落的大量档案材料，也许人们会感到惊讶。我不会忽视人们能提出的有关罗马危机的所有原因，而且我会重新回到这一问题上。但是这些原因中有很多对于这两个帝国（罗马帝国和中华帝国）而言不具有同等的价值。不过，这一现象显然是普遍的，在中国和在地中海世界能得到同样的证明。不幸的是，关于印度我们得不出什么结论，或者说几乎如此。

时期结束于13岁）在新石器时代是32岁，在古典时期、希腊化时代和罗马统治时期的地中海东部地区和希腊，平均寿命达到了36岁到37岁。[①] 女性的寿命要短得多（新石器时代女性平均寿命约为30岁，在古典时期和罗马统治时期的希腊则不到35岁），这限制了她们的生育期（大约12年），使得女性只能有5到6次妊娠。[②]

虽然这些进步十分有限，但公元前500年后，人口增长迅速，其幅度超过了流行病造成的人口减少。人口密度的继续增长也促进了历史上几大致命细菌的传播。疟疾扩散到海岸低地和沼泽地（之前是疟疾的隔离区）之外的地区。结核病骨质的结构很早就为人所知，而且希腊医生的临床诊断也很早就鉴定出了结核病，这种疾病加剧了女性的大量死亡。[③] 从公元前5世纪开始麻疹（可能还有天花）就在希腊传播。[④] 根据另一种推测，公元1世纪时出现在中国的天花有可能在接下来的一个世纪中侵入地中海世界，而这一事实将使天花成为最早的世界性微生物疾病之一。人们通常认为最早的世界性微

① Mirko Grmek, *Les Maladies à l'aube de la civilisation occidentale*, op. cit., pp. 137–138, 152–153.

② Ibid., pp. 137, 147–148, 157. 这些研究始于对骨骼的研究，尤其是对耻骨联合的研究（根据耻骨联合能够估算出分娩的次数）。

③ Ibid., pp. 137, 140.

④ Ibid., pp. 150–151.

生物疾病之一是鼠疫（它在2世纪中叶侵袭了罗马帝国的大部分地区）。最后，尤其是6世纪时，鼠疫（如果真如某些人的猜测，鼠疫并非源于2世纪的传染病）出现在地中海地区，它很可能来自印度（印度经常鼠疫猖獗，而且生活着携带传染性鼠蚤的老鼠）。① 我们可以看到，在公元200年到750年之间，地中海地区的人口至少下降了20%到30%，鼠疫被认为是罪魁祸首。

无论在什么情况下，人口密度都扮演着重要的角色。军队对传染病很敏感。希腊历史上有记载的最早的重大流行病之一在伯罗奔尼撒战争初期侵袭了被包围的雅典，当时那里的农村居民拥挤着躲在城墙内（公元前431—前429年）。② 似乎古希腊近一半的儿童在成年之前就死去了，如同1 000年之后罗马统治下的希腊。未成年人（1岁到10岁之间）的死亡率的确有所下降，但是由于传染病（尤其是麻疹）的大流行，婴儿（出生的第一年）的死亡率仍在上升。最后，鼠疫是一种典型的易传染并且易在人口集中的地区爆发的疾病。亚洲的老鼠生活地点特别固定（它们多藏在房梁或者墙洞里），和人类一起生活。在同一个家族、同一个社群中，鼠蚤

① 公元542年在拜占庭帝国（尤其在埃及），鼠疫第一次被鉴别出来。在大约240年的时间里，它侵扰着地中海地区，一直活跃到8世纪下半叶，之后由于不明原因消失了……当然，后又在14世纪重新出现。

② Mirko Grmek, *Les Maladies à l'aube de la civilisation occidentale*, op. cit., p.141.

从一个个体跳到另一个个体身上。6世纪时，地中海东部人口密集的地区遭受了传染病的猛烈侵袭，特别是叙利亚、小亚细亚和埃及，帝国的这些粮仓与主要纳税地区受其困扰长达两个多世纪。相反，在地中海西部，传染病仅限于与东方有紧密贸易往来的大航线的岸边，即埃布罗河（Ebre）和罗讷河（Rhône）流域。别的地方没有受到传染病的侵扰，这可能是因为缺乏不断增长的人口和定期进行的交易，传染病很快就消失了。[①]

快速富裕

帝国刺激人口飞速发展，也间接导致了公元第一千纪的这次中断。[②]我们能否将人口最初的快速增长归功于帝国？这不一定。可以证实，在我们关注的历史最近3000年里有三次人口发展的大潮[③]：第一次在公元前500年到公元元年前后，我们在前文已经讨论过了；第二次在公元900年到1250年，西方、中国和印度在此次人口发展的大潮（遭到了蒙古人的入侵与鼠疫的侵袭）

① Frédérique Audoin-Rouzeau, *Les Chemins de la pest. Le rat, la puce et l'homme*, Rennes, Presses universitaires de Rennes, 2003，尤其是 pp. 157–168。

② 伊本·赫勒敦自然会同意这一点。他认为，在一个定居生活、都市化、人口过于密集的世界中传染病多发是王朝衰落的标志之一。

③ 指近代之前（近代约开始于公元1800年）。

中平分秋色；第三次在公元1450年到1800年，接近近代。[①] 三次人口发展大潮中没有一次真正地对应于一个帝国时代。古代的人口高峰出现在汉朝和罗马取得支配权之前200到300年。当中世纪人口从10世纪开始快速增长时，中国、欧洲和印度在政治上正处于分裂状态。10世纪和11世纪时最具有帝国特征的伊斯兰世界几乎没有从这些进步中得到好处。最后一次人口发展大潮伴随着明朝的相对衰落在中国出现，在印度则出现于洛迪氏族（Lodi）的阿富汗黑暗王朝。[②] 印度奢华的莫卧儿王朝（1526—1712年）以及中国的清朝（1644—1911年）充分得益于前代王朝出现的人口增长大潮，并从中获得荣耀。

简而言之，帝国在繁荣时期往往恩泽全国，通过集中的城镇人的生产创新与收益延续并发展自己的繁荣。汉朝、宋朝和莫卧儿王朝对众多发明贡献卓越——生产出了丝绸、纸、火药、瓷器、茶、钢和生铁、开司米或棉织品。但是帝国的形成很少开始于这种微小缓慢的进步——农民家庭要经历好几代才能多一个孩子出生或者说少一个孩子夭折，而最早的人口和经济增长来自农民

① 在几乎所有的情况下，对印度、西方和中国来说，16世纪都是一个有利的世纪。印度的人口发展在17世纪达到顶峰，而对中国、日本和欧洲而言，18世纪是其鼎盛时期。

② 出现在公元1450年到1520年的印度，如同中国。

家庭，这往往因资料含混不清而不被提及。相反，繁重的赋税、国家的集权、过快的资本积累，甚至财富的充公，是收益快速增长的必然结果——而这可能是帝国最可怕的暴力。

罗马帝国难以逾越的障碍

蛮族的入侵不会使帝国消失。它们往往用一个朝代替代另一个朝代，并通过为帝国机构带来新阿萨比亚的精锐兵力而使帝国的军队重获生机。相反，帝国会因潜在的生产力下降、税收减少而灭亡，也会因若干个世代的缓慢消耗而逐渐衰弱以至灭亡，而这种缓慢的消耗就像麻风病，让帝国在尚存活力时即被肢解。从公元 2 世纪末起，罗马帝国开始遭到蛮族的侵犯，之后受到攻击的地区逐渐扩大，到公元 3 世纪末蛮族侵略了大部分行省（其中很多行省远离边境）。[①]在皇帝奥勒良（Aurélien，卒于 275 年）、戴克里先（Dioclétien，284—304 年在位）、君士坦丁（Constantin，313—337 年在位）的有效推动下，军队的编制人数有所增长——在 4 世纪中叶达到了 40 多万人。这些军队分布在几千公里长的边防线沿线上，从幼发拉底河到莱茵河，从不列颠北部到尼罗河的

① 在公元 270 年到 300 年，高卢大部分城市遭到了蛮族的袭击。

第一大瀑布，一直到努比亚边境。按照逻辑，此次军队的扩充意味着税收获得了可观的增长——税收收入的主要部分用来为这支职业化军队提供资金。[①]另外，人们不能再将越发繁重且不得民心的税收交给寥寥几个地方显贵。人们设立真正的财政部门，任其在运行过程中挥霍着从纳税人手中得到的额外税收的很大一部分。

然而，当时的局势——反抗蛮族入侵以保卫国家——让人看清了帝国，所有帝国的真实结构：之所以需要增加军队的编制人数和税收总额，剥夺显贵们的部分权力，并将让纳税人纳税的任务交给强硬的公职人员[②]，是因为帝国的所有人民（甚至包括地中海西部的人民）都被解除了武装，臣服于帝国并过上了定居生活，而帝国要求从这些人民中得到税收和劳役而非军事服务（帝国世代以来剥夺人民参军的权利，并认为人民没有能力提供军事服务）。甚至在危机时期，只要罗马仍然是帝国，它就不会放弃对生产者和战士（此后是蛮族）做的区分，也不会停止对税收的集中（集中税收以服务

① 职业化军队的存在以及这支军队给予预算的巨大压力是帝国机制运行中的常态。17世纪时，埃米尔（部队司令或者其种族的战士供应者）的军队和酬劳占印度莫卧儿王朝预算的90%。

② 这些公职人员在为帝国服务时不掺杂任何私心或个人情感，而只有国家冷酷的理性。

帝国的军事系统）。[①]

不过，财政上的此般努力是社会团体在因人口减少和生产停滞或衰退（衰退已经开始）而陷入贫乏时做出的强制性决定。农民逃避税务机关，藏身于权贵（附近大领地的主人）的羽翼下，后来，在罗马世界基督教化之后，又寻求世人敬仰的修道院的庇护。都市的显贵们因管理都市的税收而发迹，为了守住他们如此获得的财富，他们便自税收的中心即城市逃离。[②] 就像伊本·赫勒敦在描述王朝末期时做出的解释一样，国家成了敌人，而所有形式的财富积累、集中与中央集权（帝国机制特有）都被否定。生活被局限在一个个单元内，局限在农业领域、市镇内，与帝国普遍多元的生活形成巨大的反差。

然而，行省的反应让罗马帝国东西部之间的原始断层重新凸显出来。三四百年的古罗马文明没有消除这两个世界在人口密度和财富上的差异，鼠疫传播的地理分布恰恰也向我们展示了这种不同。在东方（放弃了罗马

① 只要罗马仍然是帝国，也就是说直到阿拉伯征服之前。7 世纪拜占庭帝国处于绝境中时，面对阿拉伯人采用了军区系统，后面我们会再次讨论这个问题，而且这个做法在相当大的程度上是与帝国原则的决裂。

② 显贵们逃往农村（villae，大规模开垦地）的现象如今遭到历史学家的质疑。但以下事实依然毋庸置疑：在帝国西部的行省，帝国的税收收入从 4 世纪下半叶起大幅减少。

的君士坦丁大帝在东方建立了新的首都，首都以他的名字命名为君士坦丁堡），帝国延续着。在西方，帝国中断了。首先，帝国从 4 世纪末开始放弃了最低产的行省［如在 407 年帝国放弃了不列颠地区 / 英格兰和毛里塔尼亚（Maurétanies）——现在的阿尔及利亚西部和摩洛哥的主要部分］。之后，随着用以防卫最富裕、最著名的行省（西班牙、高卢，甚至意大利本土）的支出大大超过其财政收益，帝国开始就这些有财政赤字的地区同蛮族的首领谈判，以摆脱对他们的管理；同时，帝国又竭尽全力去征募有能力的战士，来保卫自己统治的其余地区。

这种迫于形势的对策不能掩盖正常情况下帝国所作所为的真正意图：拥有独一无二的权威，拥有独一无二的首都以集中税收、积聚财富和凝聚文化，拥有一支专业化的军队。在 5 世纪和 6 世纪，君士坦丁堡很快便滑到了古罗马曾经的人口低谷，通过帝国的征调，以及所剩不多的微薄税收对穷人的吸引力[①]，人们在那儿建造了圣索菲亚大教堂。在查士丁尼（Justinien）的统治下（527—565 年），帝国收复了意大利和非洲 / 突尼斯。但是鼠疫的传播加速了它的衰落，阿拉伯人的征服活动因此指向大马士革（Damas），继而在公元 750 年后转向帝

① 伊本·赫勒敦指出，在市镇里没有人能养活穷人，因此那里没有穷人，正如穷人家里没有虫子一样。穷人只能在富人的手下生存，在别处他们会死亡。

国的权杖——巴格达(Bagdad)。如前所述，随着税收的废除和权力的分裂，当时的欧洲抛弃了帝制。之后权力再也没有回到欧洲。

中国地方化的波澜

这种“地方化”现象显示，社会团体拒绝供养一个国家和一支庞大的军队。在中国，这种“地方化”同样十分敏感。在汉朝灭亡、权力割据之后，人口（特别是城市人口）大幅减少。公元 430 年至 440 年，匈奴人的消失加上其对手（后来者，拓跋氏的鲜卑人）的胜利（386—534 年）使得中国北方——此地区仍然占中华帝国四分之三的人口[①]——在政治上重新统一成为可能。但是主导政治权威的扩张并不能掩盖人口和资源紧缺的征兆。就像加洛林王朝和拜占庭帝国，行业按照世袭的社会等级再次集中起来，农村人口的强制迁移使得荒废的都城重新拥有了居民，雇用田地劳动力的钱款（劳动力稀缺的标志）被捐给了佛教寺院。[②]

在之后的很长时间里，位于世界另一端的罗马帝国

① 鲜卑人一般被认为是满族人的祖先。他们在 2 世纪东汉时期出现，直至我们所述的 3 世纪，军队的主导力量是匈奴人，鲜卑人起辅助作用（Jacques Gernet, *Le Monde chinois*, op. cit., I, p. 228）。

② Ibid., I, pp. 244–245.

显现的两个特征，在中国这个文献资料不足的时代也出现了：蛮族的政治统治和佛教的胜利。事实上，若要下个恰当的定义，那么中国的“蛮族统治”（或者对照同一时期地中海的历史，叫作“蛮族入侵”）只是那些肩负暴力职能的人攫取了帝国的权力。简单地说，那些拥有武力的人即士兵夺取了权力，这一点似乎无须赘言。在罗马世界也是如此，蛮族人即哥特人、汪达尔人或法兰克人，这些帝国的劫掠者或盟友，获得了主权，但是统治的地区范围不成比例。在5世纪和7世纪，地中海的蛮族王国仅仅占领着西部地区，而西部地区恰是帝国最不富裕、人口最稀少的地方；帝国则保存着来自东部地区的大部分财政收入，也保存着实力，能在机会来临时收复丢失的土地，查士丁尼大帝统治时期（527—565年）正是如此。相反，在中国，匈奴人和鲜卑人瓜分了帝国四分之三的领土（拓跋氏出于自身利益统一了帝国的领土），而当时中国的地主（“汉人”）只在南方维持生活，南方此时仍然处于初步发展阶段。①

这种对于国家暴力职能更为有力的操纵与佛教的胜利扩张处于同一时代，而佛教是一种排斥暴力的普世宗教；同一时期，蛮族的政治精英们也皈依了这一新的宗

① 勒内·格鲁塞将拓跋氏和法兰克人视为相似的蛮族，这一点他搞错了。这些满族人建立的政权相当于查士丁尼帝国。*Histoire de la Chine*, op. cit., pp. 132–133.

教。[1] 600年间（大约从公元400年到1000年），佛教成了亚洲大部分地区的宗教，这些地区的佛教徒比同一时期信奉基督教的人多得多。中国蛮族战士新的统治与极端反对战争的宗教之间的奇妙共存比罗马更为惊人。因为罗马帝国首先采用了基督教，蛮族人是屈从于该帝国的宗教。在中国则是蛮族人（尤其是拓跋氏）强制臣民信奉佛教，从而影响佛教在中国的命运。[2] 如此矛盾——思想上排斥暴力，同时又用暴力夺取了王位，而正是那些夺取了王位的人在思想上排斥暴力——明显不是偶然的。正如我们将看到的，现实的这种矛盾合乎逻辑，它是帝国机制区分暴力职能和文明职能的结果。

意识形态去军事化

地中海世界和中国的历史从6世纪末起就迅速分道扬镳了。公元530年到560年，君士坦丁堡的东罗马帝

① 至少佛教在中国是一种新的宗教。公元前6世纪和公元前5世纪时佛教在印度诞生，印度第一个王朝孔雀王朝（Maurya）的国王们，尤其是公元前3世纪的阿育王（Ashoka），之后印度–希腊人和印度–斯基泰人的国王们都皈依了这种宗教。公元1世纪末佛教自班超将军征服的中亚绿洲上传入中国，之前中国几乎没有出现过佛教。佛教地位上升（尤其是主要佛经被翻译成中文）的决定性时期只是在公元350年到400年。参见 Jacques Gernet, *Le Monde chinois*, op. cit., I, pp. 270–281。

② 在中国，在佛教及僧侣在国家最高机构中确立地位的过程中，后妃们起到了决定性的作用。正如在西方，女性促进了基督教及其修道士的成功。

国尝试收复其丢失的西部领地，某一次差一点儿就要取得成功，却在鼠疫（肆虐于540—780年）和阿拉伯人入侵（630—715年）的双重打击下不堪重负，最终彻底失败。此后，成为拜占庭帝国的东罗马帝国不断丧失自己的领土，西部地中海地区的蛮族王朝从中获益。相反，在中国，大致与失败的拜占庭帝国同一时代的唐朝（618—907年）铲除了蛮族的势力，重新建立起统一的帝国。

至少中国的传统历史文献上是这么说的。谢和耐对这种将汉人与蛮族对立起来的简单说法提出质疑。他指出，在350年到950年间，同样是混杂着汉人与西部、北部草原蛮族的贵族阶级统治着中国。唐朝的统治者和与满族同源的拓跋氏一样，都是突厥人；或者我们也可以这样说，和唐朝的统治者相比，拓跋氏（建立北魏的拓跋氏鼓动同族人追随他们的步伐，并且在494年迁都洛阳）同样彻底接受了帝国的文明。[①] 谢和耐又补充说（伊本·赫勒敦或许不会否认这段话），这种文明剥夺了拓跋氏征服全中国必需的武力（这也说明了为什么扬子江流域及以南地区的自治且好战的贵族阶级进行的抗争可以成功），拓跋氏甚至对于这种文明有一种偏好。[②]

① Jacques Gernet, *Le Monde chinois*, op. cit., I, pp. 242, 246–247.

② Ibid., I, p. 232; René Grousset, *Histoire de la Chine*, op. cit., p.140.

因而我们可以推断，与之前的朝代相比，唐朝之所以成功，是因为唐朝统治者是更为粗野的蛮族。[①] 实际上，公元 523 年到 589 年，拓跋氏 / 北魏人在一次突厥人的进攻下屈服了，之后突厥人瓜分了王朝。隋朝（589—618 年）和唐朝（618—907 年）的统治者都来自军人阶层，这一阶层就面临着这一蛮族的威胁，但是他们与敌人即突厥人在物质和文化方面有许多相似之处。唐朝的统治者来自中国西北的甘肃地区，即位时他们还是战士，学识不深：就像绝大多数士兵一样，几百年来北方边境地区的汉人与突厥人同时被征募入伍，他们依靠突厥人征服中国。[②] 类似于西汉，唐朝的统治者们首先努力组建一支"戍边"军队，这支军队由西北地区的贵族（统治者正是来自那里）指挥，将中国的步兵与草原的骑兵结合起来。[③] 在唐朝统治期间，中国的人口

① Jacques Gernet, *Le Monde chinois*, op. cit., I, p.251.

② 在隋朝（唐朝替代的短命王朝）试图征服高丽失败之后。Jacques Gernet, *Le Monde chinois*, op. cit., I, pp. 249, 302; René Grousset, *Histoire de la Chine*, op. cit., pp. 145–146.

③ Jacques Gernet, *Le Monde chinois*, op. cit., I, pp. 313–314; Vadime et Danielle Elisseeff, *La Civilisation de la Chine classique*, Paris, Arthaud, 1979, pp. 337–340. 这种边防军的制度被称为"府兵制"。这一制度存在了 100 年，在公元 722 年后因专业化军队的出现而逐渐消失。公元 738 年，军队已经只由专业的士兵构成。在公元 749 年，这一制度被正式废除。同样可以参考 John King Fairbank et Merle Goldman,（转下页）

和税收收入减少，专制的税收措施因而更为严苛。它与罗马帝国后期的税收措施非常相似：可耕种的土地被分成很多块，供终生使用；考虑到每个家庭可用的劳动力（这决定了可以交给这个家庭多大规模的开垦地），每一代分到的土地可能有所改变，以确保能够获得最高的生产产量和税赋收入。[①] 唐朝还特别重视蓄养马匹，以确保其今后能够战胜草原民族。665 年左右，皇帝的种马场里估计有 70 万匹马，而到了 700 年时只有 24 万匹马，军事力量已经开始衰落。[②]

事实上这项政策很快就失败了。在帝国实现了对塔里木盆地和河中地区的征服（640—680 年）之后，突厥的影响开始增强。这些突厥人、藏族的雇佣兵和 668 年朝鲜半岛投降之后出现的朝鲜雇佣兵的足迹[③]很快就踏遍了中国大陆，这也让帝国获得了许多蛮族的战士[④]，而尤为重要的原因是税收的改善（我们将看到这一点）。不过，这个王朝依旧保持着对马和马球运动（马球运动

（接上页）*Histoire de la Chine. Des origines à nos jours*，由 Simon Duran 译成法文，Paris, Tallandier, 2010, p. 187。

① Jacques Gernet, *Le Monde chinois*, op. cit., I, pp. 311–312.

② Ibid., I, p. 315.

③ 原文如此。此处“藏族”在这一历史时期当指“吐蕃”，“朝鲜”具体来说当指“高句丽”。下文同。——校译者注

④ Jacques Gernet, *Le Monde chinois*, op. cit., I, pp. 253–256, 318–323，关于唐朝的征服。同样，中国从日本历史的初期开始就出现在其进程当中。5 世纪至 6 世纪，中国南方的分裂势力就尝试与日本的封建领主结成某种同盟。

来自伊朗和中亚）的热情，这使得该王朝从文化上被列为“蛮族”王朝。

然而，不同于拓跋氏，为什么人们认为唐朝是一个真正的华夏王朝呢？这个问题似乎有以下两个答案：第一，是因为隋朝和唐朝重新统一了中国，收复了中国的南方，后者将近400年来在政治上与中国北方分隔，凭借着水稻灌溉种植业的进步、不断增长的人口和财政收入，以及之后在帝国得到持续发展的文化，它渐渐从历史沉寂中冒了出来。实际上，在水稻种植技术（在6世纪和7世纪得到普及）让南方的粮食产量大幅提高之后，南方才开始蓬勃发展。扬子江下游地区（如今中国人口最密集的地方）的人口在公元600年到750年从300万人增长到1 500万人，占中国人口总数（总体不变，在5 000万到5 500万人之间）的比例从6%增长到20%。相反，北方的人口占全国人口总数的比例从75%减少到53%。① 中国南北方的协同作用促进了商品流通和人口流动，随之而来的税收增长也加速了农业的飞跃发展。在扬子江和中国北方之间开凿的大运河给了国家征税的机会与建立贸易银行的能力。②

① Jacques Gernet, *Le Monde chinois*, op. cit., I, pp. 220, 259, 335. 这种差异可以通过南方（准确地说，南方指福建和广东）和四川人口的增长来解释。

② Ibid., I, pp. 334–335.

不合常理的是，公元 680 年后这种丰厚的税收竟然引发了一场严重的危机，危机中对立的一方是那些想要将君主政体的重心维持在北方的人，他们想追随草原民族征服的步伐，这种征服会为唐朝带来越来越多的突厥族或吐蕃的盟友；另一方是那些捍卫帝国正统的人，他们想要结束攻击性的出征，稳定边境，让帝国转向物质积累的和平时期，而新近富足起来的南方为积聚财富开辟了道路。后者取得了胜利。西北的贵族阶级——唐朝最初的阿萨比亚——及其突厥同盟在摄政时期及之后推行佛教的女皇武则天（683—705 年在位）的统治下被陆续遣散。税赋随着军队的专业化显著地加重：713 年到 755 年，军费开支增长了 6 倍。[①]

怛罗斯战役及与突厥人的分离

灾难很快便降临了。705—715 年，阿拉伯人 [655—660 年以来就出现在阿姆河（Oxus/Amou-Daria）南部] 逐渐征服了河中地区。[②] 他们的进军及其引发的恐惧首先

① Jacques Gernet, *Le Monde chinois*, op. cit., I, pp. 323–325. 因此，唐朝印证了伊本 · 赫勒敦的论点：一个王朝总是要摆脱那些曾让自己获得了王权的军力，尤其是当这些军力成为实现君主专制政体的主要障碍的时候。

② 用现代术语讲，在 7 世纪后半叶打败了波斯帝国之后，阿拉伯人占领了伊朗的东北部和土库曼斯坦（Turkménie，古人所说的大夏）；之后他们在 705 年到 715 年夺取了我们现在所说的乌兹别克斯坦（Ouzbékistan）。

帮助唐朝将权力扩张到了撒马尔罕（Samarcande）和布哈拉（Boukhara），并且在那儿募集到了粟特人（Sogdiens）和突厥族的盟友[①]，这都发生在伊斯兰军事霸权颠倒武力关系和盟友关系之前。751年，唐朝的军队在怛罗斯（Talas）被波斯的阿布·穆斯林（Abu Muslim）的军队打败了；阿布登上了哈里发的王位，建立了新的阿拔斯王朝。

人们大大低估了怛罗斯战役的重要性，其象征意义和现实意义一样重要，虽然怛罗斯战役在地理政治学上造成的后果乍看确实十分微小。其实不然。一方面（我们还会回到这一点上），这场战役的后果之一就是伊斯兰教在一定时间内占据了突厥草原最主要的部分，保证其拥有旧世界最好的战士，并通过战役带来的取之不尽的暴力储备成为一个典型的帝国。另一方面，在400多年里（直到元朝），中国丧失了强大的阿萨比亚。公元1000—1250年，中国经济的卓越发展可能是怛罗斯战役的后果之一。但是不管宋朝（960—1276年）这一帝国在精神文化和生产方面表现得多么杰出，它完全不能与文艺复兴之前的西方相比的是，这个辉煌的帝国没有防御工事，因而对帝国之外极端残暴的民族毫无防备能力。实际上，这个残暴的民族最后同蒙古人一起消灭了

① Jacques Gernet, *Le Monde chinois*, op. cit., I, pp. 320–321.

没有外援的宋朝。

但是怛罗斯战役还有另外一个后果，一个更为直接的后果：它使得唐朝成了一个华夏王朝。这次是默认的，因为这场战役让唐朝失去了塔里木盆地，失去了唐朝的根及其突厥盟友。这个王朝与其蛮族地区决裂，与其带来的暴力职能决裂，与定居地区和好，而从此以后人们认为这片地区就是专属于中国人的土地。成为中国人，意味着重建生产机制、物质机制和精神文化机制等帝国的机制；或者可以这样说，中国被这样一种文化和生活方式同化了：这种文化和生活方式讲究工作、思考和高雅的作风，但是不追求暴力的价值，或者说简单的体力劳动的价值，甚至在宋朝也是如此。[①] 相反，那些保卫帝国抵御外敌的人从此被清楚地定义为蛮族而非中国人：唐朝最后几代帝王时期的维吾尔人或鞑靼人[②]，宋朝的契丹人或女真人，明朝的瓦剌人或朝鲜人。最后，明朝之后的满族人（统治了中国 300 年，然而他们在中国长期被视为异族）也是如此；他们是蛮族，不是出于语言或者文化的因素，而是出于他们的军事职能（也因此成了他们的耻辱）。帝国建成了，对中国的定

① Jacques Gernet, *Le Monde chinois*, op. cit., II, p. 57.

② 在这一历史时期，维吾尔人当指其先祖回纥人，鞑靼人当指沙陀人。——校译者注

义业已明确，一个又一个帝国通过抹去暴力的污点成了中华帝国。[①]

罗马帝国的覆灭

在中国，帝国或许最早，也比其他帝国组织更为成功地将自身的意识形态去军事化，帝国的发展与此紧密相关。罗马帝国在其存续的最后几个世纪中也在沿着同样的轨迹演进，而这一过程因为帝国本身的覆灭而中断了。表面上看，罗马秉持的信条与体现汉朝政权特性的原则在出发点上就是截然相反的。从公元 1 世纪开始，汉朝军队就由突厥系的士兵组成。而在同一时期，很多异族人却因为在罗马帝国军队中服役而变得罗马化，尽管他们并没有完全变成罗马人。因此，现存的原始资料几乎没有留给我们任何关于这些生活在帝国巅峰时期士兵的种族的线索：最重要的并不是那些正在加入军队的人，而是那些正在试图脱离军队的人，也就是正在形成中的罗马公民。我们可以进一步看到，一直到公元 2 世

① 参见 John King Fairbank et Merle Goldman, *Histoire de la Chine*, op. cit., pp.170–171, 173–174。因此，在文人和来自社会底层的士兵之间有了一种不共戴大之仇，也留下了一种对种族模糊化的看法。但有一种非常强烈的文化认同，在文职人员和军人之间有绝对的界限，不过依然接受拥有少量的暴力军队（大部分来自中亚）。

纪末，几乎所有的罗马帝国皇帝都是意大利血统，或者来自较之东部少有人定居的帝国西部，这些皇帝自始至终与军队保持着密切关系。

而到了 3 世纪初，游牧民族已经分散定居在帝国全境，这正体现出皇帝卡拉卡拉颁布的敕令（212 年）的精神，这个敕令承认了几乎所有帝国境内的居民（成年男性自由民）的罗马公民身份。[①] 从这时起，寻求振兴帝国需要的新兴力量成为必要之举。在 3 世纪，帝国君主们的出身（他们中有叙利亚裔或伊利里亚裔）第一次得到充分重视，因为这反映出他们军队中的民族成分。这些军队的士兵起先都是从帝国领土上各自分裂的部落中招募而来，到了 4 世纪时则来自边界之外的蛮族。军队长期以来一直是罗马化的中心，而军队从此时起开始为境外蛮族生活习俗的传播提供土壤。“罗马人”这个词语的含义也随之改变，正如“中国人”含义的变化一样，自此以后它便不仅意味着长期以来军事上的角色，其范围开始包括帝国境内广大的成年男性居民，他们大都是没有武装而从事生产的平民，而正是公民分布最多的帝国东部在后来的拜占庭时代使帝国重振雄风。

① 笔者没有提及尚有争议的关于此敕令中公民身份的范围。争论的焦点在于 3 世纪初罗马公民的身份是否已经在整个帝国范围内获得承认，以及是否这一敕令只是把已经普遍存在的情况进一步推广了，或者正是这一敕令才真正扩大了帝国境内公民权拥有者的范围。

不过，同样在这个时期，因为外部蛮族入侵的昭然野心，帝国亟须壮大自身的力量。以对抗外族入侵为由而增加摊派在境内公民身上的税收是帝国增强实力的主要方式。而事实上更为重要的并非税收的最终用途，而是以这样一种方式进一步确认帝国境内定居的公民之生产者与奉献者的身份，同时蛮族则被明确定为受益者与国家战士，最后，国家扮演的角色则是财富的征集者和国库收益的再分配者。

大约在公元200年到700年间，上述两个帝国经历了极具比较意义的发展进程，而我们还是难以断言中华帝国与地中海帝国的历史轨迹终将重合交会。罗马即将经历一段黑暗的历史，而中华帝国将继续保持它的基本形态，独立地发展下去。

佛教和基督教致使帝国衰弱？

在这场思想上排斥暴力的运动中，佛教和基督教确实发挥了各自的作用。定居人民将这些非暴力的宗教当作驱邪仪式，这些仪式的作用就是把今后蛮族军事机器的残暴转化成解除定居人民武装的残暴；手持武器和负责打仗的人则将佛教和基督教看作步入文明仪式与跻身帝国前列的途径。[1] 这些宗教在19世纪的史书中经常受到人们的谴责，它们是否真的如史书所言，让人的精神变得萎靡不振？是否加速了王朝的衰败以及古代秩序的瓦解？

对修道士的谴责在中世纪初就已经出现，因为他们不用为其肥沃的土地纳税，不用负担众多劳役，到处传播对来世的唯一关切，而对国家命运却非常冷漠。在8世纪，当拜占庭帝国濒临灭亡时，那些破坏圣像的皇帝，利奥三世（Leon Ⅲ，717—741年在位），尤其是他的儿子君士坦丁五世（Constantin V，741—775年在位）关闭了许多修道院，让一些修道士陷入世俗化的状态，向他们的土地及其相关人员征税。在当时的中国，人们对僧侣也同样是谴责，对僧侣的控诉事件屡屡发生，在拓跋氏统治期间（北魏）的446年就已经出现，后又出现在隋朝之前的574年，以及842年的唐朝，甚至一直到955年宋朝即将掌权的时期。[2] 寺院，一个积累财富的地方，在一个又一个世纪中其拥有的金银器、铸钟和佛像被掠夺了，这些东西出于国家的需要被重铸。

然而，我们已经看到，如果我们支持这样一种说

① 这种行为尤其在罗马帝国的东部（拜占庭帝国）遭到谴责。那里同时居住着以下两种人：一种是高度定居生活、极为追求和平的人们；另一种是不屈服、讲究暴力的部落，他们对平民最为危险，而对帝国军队最为有用。

② Jacques Gernet, *Le Monde chinois*, op. cit., I, pp. 284–285.

法，即普世的爱好和平的宗教的胜利是帝国解除武装的结果，那么宗教的胜利既不是帝国解除武装的起因，也不是其特征。历史上帝国的和平主义扩展到了佛教和基督教之外的领域。我们只举出两个例子：一个是拜占庭帝国和伊斯兰教的斗争，另一个是中国国家政权对佛教的排斥。

拜占庭帝国和伊斯兰教的斗争

在拜占庭帝国的士兵与信奉伊斯兰教的撒拉逊人（Sarrasin）[①] 的战争中，穆斯林的战士们受到“圣战”（jihâd）信仰的鼓舞；尼基弗鲁斯二世（Nicéphore Phocas，962—971 年在位）曾向东正教教会要求，让基督教帝国的士兵们也得到同样的宗教拯救的承诺，却无功而返。伊斯兰教的确与佛教和基督教不同，不排斥以真主和伊斯兰国家为名义而发动的战争。这个至关紧要的不同可以解释历史上伊斯兰政权建立过程中令基督教徒和佛教徒深受其苦的军事侵略和无休止的征战与扩张。

伊斯兰教对国家利益的重视以及暴力的合法性是我们理解伊本·赫勒敦理论的关键，这一点我们会在后文

① 撒拉逊人，中世纪欧洲人对阿拉伯人或西班牙人等的穆斯林的称呼。——译者注

继续讨论。但这并不能完全解释伊斯兰世界连续不断的军事扩张热潮。

在拜占庭帝国与伊斯兰教从7世纪持续到11世纪的对抗中，既然基督教原则上拒绝战争而伊斯兰教则相反，那么基督教理应是拜占庭一方难以克服的弱点。然而事实并非如此：决定两军对抗结果的，是帝国机制下的制度力量——或者相反，是有无救星，而非两个帝国各自捍卫的宗教信仰。

在7世纪末，由于在阿拉伯人身上吃了败仗，拜占庭已不是我们定义的那个帝国了。随着叙利亚（638年）、埃及（642年）和非洲/突尼斯（670年后）的沦陷，帝国的收入在约30年时间里的减少了一半多，其首都的人口在一个世纪内减少了90%。[①] 君士坦丁堡失去了食物供给，如同罗马帝国称霸以来帝国中部的情况一样，本应由最富庶的省份供给的粮食，即实物税，被交到了阿拉伯人手中。就像两三个世纪前罗马帝国的西部即西罗马帝国一样，拜占庭社会乡村化，并且封闭在一个很大程度上自给自足的经济中。货币在8世纪和9世纪变得稀有，小亚细亚地区的城市［比如以弗所（Éphèse）、帕加

① 据合理估计，公元600年左右拜占庭帝国首都大约有40万至50万居民，到公元750年只剩5万人左右。鼠疫加剧了因逃税和帝国货币停止流通而造成的人口减少。

马（Pergame）］在规模上只剩下古代的一部分。最后尤其重要的一点是，帝国已经无法养活一支职业军队了。慢慢地，到了公元 680 年以后，一种新的军事系统开始运行，它被称为“军事行政区”系统。这一系统取代了职业军队，将保卫领土的任务下放到各省。曾经有人认为这是一种“农民武装”；如今看来，这其实是扎根在地方上的世袭兵役制度，村民有义务供养这些士兵家庭，并为他们提供武装。① 不论这种制度是什么，在 740 年到 860 年之间，这一抗击伊斯兰教势力入侵的自卫游击战与帝国集中财政和军事力量的要求背道而驰。战争使得边境省份的地方积极分子发挥了重要作用，特别是在 9 世纪末的卡帕多西亚（Cappadoce），军功贵族开始出现，这些人大部分来自亚美尼亚或格鲁吉亚。②

同一时期，在战线的另一侧，随着阿拔斯王朝的胜利与对外征伐的停止，穆斯林在公元 750 年后重新建立起帝王权威，开始实行帝国制度，其原则是解除人民武装。埃及、叙利亚和伊拉克已经这样做了几个世纪。但从 9 世纪初开始，哈里发着手解除阿拉伯人的武装，将

① 第一种假设可以用第二次世界大战时期前南斯拉夫游击队长官乔治·奥斯特洛格尔斯基（Georges Ostrogorsky）的做法来印证，第二种假设得益于中国明代早期曾出现过的类似的制度。

② 亚美尼亚贵族在这里指的是斯克雷罗斯（Skléros）家族和齐米斯西斯（Tzimiskès）家族，格鲁吉亚贵族指的则是福卡斯（Phocas）家族。

帝国的奠基者转化为建设者。阿拉伯部落的军事义务被取消，但相应地，他们通过征战夺来的土地与获得的收入也没有了。所有的实物税都被集中到首都巴格达，它的规模很快就达到了与古罗马或君士坦丁堡相同的面积。统治者征募突厥人来代替阿拉伯人，这些突厥人是职业战士，拥有最优秀的战士和最可靠的仆人的声誉。[①]

然而很快，从 860 年到 880 年，这一新的财政和军事制度导致的沉重的财政负担引起了社会混乱和分裂。拜占庭帝国的基层军队在对抗突厥职业战士时渐渐占了上风，因为后者忙于镇压反抗，无暇顾及战争前线，这使得拜占庭帝国在 10 世纪再次征服了叙利亚（叙利亚在 940—975 年间被基督教徒征服）、塔尔苏斯（Tarse）、埃德萨（Édesse）和安条克，并逼近耶路撒冷。此时尼基弗鲁斯二世向教会要求的对战争的精神支持已经没有必要了：拜占庭正在各大战场上高奏凯歌。

拜占庭因来自伊斯兰世界的威胁而奇迹般地重获生机，这一回它也恢复了帝国的制度。巴西尔二世（Basile Ⅱ，976—1025 年在位）在 985—995 年间废除了小亚细亚的贵族制度，与哈里发缔结和平条约，将税收集中到君士坦丁堡，组建了一支职业军队，这支军队在 985 年

① 或者更准确地说是马穆鲁克，一些奴隶兵。

以后第一代主体是东斯拉夫人。[①]巴西尔二世在996—1018年间征服了保加利亚，他的军事成就如此显赫，以至于他的继任者们盲目裁军，导致在曼齐刻尔特（Mantzikert）战役（1071年）中面对突厥军队时溃不成军。在伊斯兰世界这一方，950—1050年间阿拔斯王朝的覆灭使得一些部落获得了新的发展机遇，比如柏柏尔人，特别是突厥人，他们更新了伊斯兰国家军事武装的阿萨比亚。曼齐刻尔特战役巩固了年轻而果敢的突厥部落的胜利，他们强于拜占庭帝国体制在一个世纪的调整过程中培养出来的军队——这场战争并不是穆斯林的宗教信仰和基督教徒的宗教热情之间的较量，尽管前者的信仰是真实存在的，而后者的热情也不容置疑。在长达4个世纪的冲突中，我们有必要准确评估帝国裁军数量和英雄人物的军事才干所占的分量。相反，宗教的影响并不是决定性的。

中国国家政权对佛教的排斥

中国为我们提供了第二个展现帝国机制的权势（即帝国机制损害宗教教义）的例子。从公元1000年开始，在中国的宋朝，佛教失去了它从6世纪以来长期享有的

① 在同一时期（987年），基辅罗斯王朝接纳了东正教，并使其传播到其他公国。

居高临下的地位，一如罗马的基督教。宋朝重视的是一些“经典”，从那以后唯有这些著作被专门运用到一项考试制度中，以选拔为帝国服务的几千名公职人员。一直以来大行其道的佛教就这样远离了精英圈子，精英们怀疑它是迷信，特别对其“异国”的起源抱有疑虑。中国因怛罗斯战役失去了突厥人的阿萨比亚，事实上在公元750年后中国应当向回纥人、吐蕃人或鞑靼人等部落求援，这些部落在唐朝的都城推行异国的宗教——摩尼教（从694年开始被准许推行）、景教（据考证出现在781年），甚至伊斯兰教。[①] 自760年始，军事机构和异国的压迫者在特殊的宗教仪式上建立起来的联系导致服务于唐朝军队的阿拉伯人和波斯人遭到血腥屠杀。在唐朝最后几年的动荡之中，这种大屠杀几乎扩展到中国全境，尤其是在879年叛乱者攻下广州的时候。

佛教被卷入这种对异国宗教的普遍谴责之中，导致帝国皇权禁止汉人与“有色人种”有任何接触（836年），之后帝国又关闭了几万家佛教寺院，这些寺院的财产，尤其是铸钟，被充公（845年）。人们也许会非常惊讶，在一个国家盛行了500年之后佛教如今竟然被定义为一种“异国宗教”。事实上，佛教并不是异国宗教，而那些热衷于推行佛教的人往往从此成了“异国人”，

① Jacques Gernet, *Le Monde chinois*, op. cit., I, pp. 357–358.

尤其是军队里回鹘人和吐蕃人的雇佣兵。作为“异国人”，他们不是因为信仰佛教而成了“异国人”，而是因为他们是军人。879 年叛乱分子实行的大屠杀很明确是针对士兵和混血儿的——从 9 世纪末开始，士兵和混血儿成了同义词。[①]因此，对佛教的排斥只是排斥暴力（实际上以笃信佛教的士兵为代表）思想这一总原则引发的一次灾难。非常矛盾的是，这个尤其讲究非暴力的宗教因为军事上的污点及由此产生的暴力而远离了帝国的核心。佛教非常明确的爱好和平的教义对此没有起到任何作用。在帝国对于定居生活与暴力的严格区分（没有任何一种文化像中国这样将其推到极致）中，佛教作为暴力一方衰落下来，而中国站在与佛教和暴力相对立的一方。不是佛教的教义，也不是佛教的教诲，而是佛教在国家中的位置决定了佛教在中国的命运。在当时的中国同时成为文人的和战士的宗教是不可能的，因为没有任何东西能够将文人和战士团结起来，虽然这二者对于国家利益来说同样必要。

① Jacques Gernet, *Le Monde chinois*, op. cit., I, p. 368.

第　三　章

吸纳了突厥武力的伊斯兰世界

（750—1200 年）

伊斯兰世界，动荡不安的部落力量

伊斯兰世界重构了亚历山大大帝治下的版图，甚至将其延伸到了马格里布。它在不到一个世纪的时间里占领了古代东方世界，包括埃及、印度、中亚和希腊之间的广大地区，这些地方曾见证了新石器时代最早的文明进步，也是历史上最早出现文字、王国和城邦的地方。只有小亚细亚和希腊逃离了被占领的命运，公元 700 年后这里成了拜占庭帝国的疆域。这样一来，伊斯兰世界就继承了世界上最古老的农耕地区，在两河流域和埃及，这里的农民是最早臣服于征服者并向其缴纳沉重贡赋的农民。阿拉伯的征服者们这一次不必使用过多暴力就可以得到定期的财政收入，因为波斯帝国和罗马帝国的人民在过去的 1 000 多年里已经习惯于缴纳赋税了。

然而这片平静而享誉盛名的土地正在老去。公元 750 年，在历经两个世纪的鼠疫摧残后，伊斯兰帝国的人口至多有 3 500 万到 4 000 万人，仍占世界总人口的 17% 到 20%。到公元 1400 年，经过蒙古人的屠杀和 14 世纪再次爆发的鼠疫之后，这里的人口可能只剩下不到 3 000 万人，仅占世界总人口的 8%。

相反，随着伊斯兰帝国领土内当地定居人口的缩减，部落的力量在很长的一个时期内不断扩张，它们为帝国所支配，但同时也威胁着帝国的建设。由于疆域上的变化，伊斯兰教一下子就将罗马帝国和波斯帝国的部落体系统一在了一起，将南部的阿拉伯人和中亚北部的粟特或突厥部落统一在了一起。伊本·赫勒敦曾长期思考伊斯兰帝国奠基性的事件，他在去世前的一些论述中提出，可以观察到世界历史是被一种平衡的运动决定的，这种活动使得某一时期内南方部落强于北方部落——这就是阿拉伯人的征服；另一时期内北方部落强于南方部落——这就是蒙古人和帖木儿的突厥人的侵略和最终胜利。他本可以在这两股力量之外加入马格里布柏柏尔人的阿萨比亚，他对此很了解。[①] 伊斯兰帝国事实上继承了罗马帝国和波斯帝国的制度，包括它们的税

① 关于柏柏尔人，伊本·赫勒敦在写出上述论断时认为他们的力量已经枯竭。

收制度带来的威信，但它同时也因罗马帝国和波斯帝国的失败和衰退遭受了损失。如此一来，它声称要攻打的马格里布的中部和西部在三个世纪前就被罗马人放弃了，一切定居民族的痕迹——特别是税收——都消失殆尽了。

伊斯兰世界最早的几代人的历史加剧了这一危险的不稳定因素。内战（656—661 年）致使早期的穆斯林陷入分裂，此后更加糟糕的是，这些人的后代之间内战不已（680—695 年），迫使战败的一方解除了武装——主要是伊拉克的阿拉伯人，导致帝国中部（伊拉克、叙利亚、埃及）过早地安定下来，并形成了胜利一方的阿拉伯人在人数上的绝对优势，他们将暴力因素驱逐到了郊区、马格里布和中亚。公元 700 年，严格意义上的阿拉伯人的征伐结束了，帝国的建立开始走上正轨。君士坦丁堡是唯一挺立着的靶子，在这里哈里发是罗马的完全继承人，717—718 年伊斯兰帝国失败的围城战使得这座城市逃过一劫。全新的伊斯兰帝国已走上了解除武装的道路，放弃了它的猎物。

最后几次征服——711 年征服西班牙、705—715 年征服中亚、751—760 年征服新疆——是由帝国边缘和外族的阿萨比亚发起的。征服中亚的是几乎没有被伊斯兰教化的波斯人和突厥人，征服西班牙的则是柏柏尔人。于是，伊本·赫勒敦告诉我们，在这个只有部落而缺乏阿拉伯人信仰的地方，征服西班牙的计划将一个全新的伊斯兰民族聚集起来，此即柏柏尔人。[①] 同时，怛罗斯战役让粟特人和突厥人臣服于伊斯兰帝国，后者臣服的时间比前者更长久。这两个民族都逐渐接受了伊斯兰教。

混乱的阿拔斯帝国（750—1000 年）

然而这些被怂恿进行征战的突厥人或柏柏尔人的阿萨比亚使得帝国很难让人民定居下来，更别说人口统计和生产工具的落后已经成为这一过程的阻碍。[②] 在阿拔斯王朝统治下，伊斯兰帝国达到全盛，却因种种原因被逼入绝境：一是它没有足够的财政支持建立一支职业军队，二是听从它召唤的蛮族对它造成了压力。[③] 这些蛮族很快从陷入危机中的罗马世界幸运地找到了财源。750—755 年，在征服后不到 50 年，阿拔斯王朝就顶不住柏柏尔人的反抗而放弃了马格里布，就像三个世纪以

① 应该注意到，“berbère”（柏柏尔的）一词的拉丁语词源是“barbari”，这是毫无争议的，但它的罗曼语词源不明，而柏柏尔人指代的是如今马格里布地区的不同部落［努米底人、摩尔人（Maures）、盖突利人（Gétules）……］。

② 很显然，在怛罗斯战役取得胜利的军队和 745 年在伊斯兰帝国东北部以起义之名建立阿拔斯王朝政权的人是同一批力量。

③ 读者们接下来就会发现，这句话几乎是同义反复：威胁帝国的这些蛮族正是被帝国激励、争先恐后地加入职业军队的那群人。

前罗马人做的那样，之后它又因为倭马亚王朝敌对家族的一位王子的分裂行为而放弃了西班牙。幼发拉底河以西的帝国领土严格地局限于可以提供财政收入的地区，这些地区是希腊化时代和罗马世界的遗产，包括叙利亚、埃及和伊夫里奇亚（Ifriqiya，突尼斯的古称）。甚至连最后这个地区也在公元800年被让给了一个世袭行省，后者保留该地的财政收入，但同时也分担了保卫与柏柏尔人相邻边境的重担。在东方，819—820年，为对抗突厥人，伊朗东北部和中亚的一些省份也被以同样的条件出租。作为回报，在接下来的几代，统治着河中地区的波斯人的萨曼王朝（Samanides），其首都巴格达受到了突厥士兵，特别是突厥奴隶兵的保护。

阿拉伯人的阿萨比亚事实上迅速衰弱，加速其衰弱的原因包括内战期间（656—695年）阿拉伯部落的大规模裁军和阿拔斯王朝的胜利，胜利的一方是东北部的波斯人，在那里阿拉伯人已经不占优势（745—750年）。在这里，我们可以将阿拔斯王朝的演变和罗马帝国以及世界上其他帝国的演变做类比。在罗马，公元212年公民权的普及预示着罗马人必然的定居化趋势，这种趋势使帝国不得不从“蛮族”或帝国内部的原始部落那里获得兵员；同样，穆斯林的宗教扩张是伊斯兰帝国的身份标志，就像公民权是罗马帝国的标志一样，它预示着阿拉伯人快速的定居化，伊朗境内的各民族也被卷入其中，这种定居化迫使帝国求助于东北部边界另一边的武力，即突厥人。这些马穆鲁克[①]在很小的时候就被从突厥斯坦的异教部落中买走，被灌输要像对待父亲一般对其主人哈里发 / 国王怀有虔敬之情，一方面受到战争训练，另一方面接受穆斯林宗教信仰教育。最初的军队于 9 世纪上半叶组建于巴格达和邻近的宫殿式的城市萨马拉（Samarra）。马穆鲁克成为伊斯兰帝国形式的特征之一，此特征几乎一直伴随着帝国，直至其在 18 世纪末 19 世纪初走向灭亡。

820—840 年，突厥人作为帝国的主要阿萨比亚占据优势。但他们不会成为帝国唯一的阿萨比亚。他们排斥国家利益，使一些阿拉伯部落过上了贝都因式的生活[②]，并在 9 世纪末至 12 世纪时，在整个新月沃土地区——叙利亚和伊拉克——催生了一批区域性的阿拉伯王朝。[③]

① 意为“奴隶”，但这个词基本上仅指非常奢华的年轻奴隶，他们通常外形俊朗，价格昂贵，如果再考虑到将他们投入战场之前必须对他们进行长达若干年的军事训练，这笔费用就更高了。况且很多奴隶会死于青少年多发的病症，这使得购买和培养这些战士的整个过程花费更高。不过相应地，这些马穆鲁克对购买和培养他们的人几乎是绝对忠诚的。

② 即逐水草而居的游牧生活。——译者注

③ 10 世纪，从摩苏尔和阿勒颇的哈姆丹王朝（Hamdanides）的君主们开始，在新月沃土地区出现了很多较小的阿拉伯王朝，它们时而与信奉伊斯兰教的大政权结盟，时而反抗帝国。接着，在 10 世纪和 11 世纪出现了阿勒颇的米尔达希德王朝（Mirdasides）、摩苏尔的乌卡利德王朝（Uqaylides），11 世纪和（转下页）

在伊斯兰世界的最西边，科尔多瓦的倭马亚王朝的安达卢西亚政权采用了巴格达的突厥人模式，雇用欧洲的奴隶兵。自10世纪开始，在马格里布的中部和东部，最活跃的柏柏尔人部落组织起来，成为法蒂玛王朝（Fatimides）什叶派起义的幕后力量，这场起义在909年夺取了突尼斯，又在969—975年占领了埃及和叙利亚。从这一时期开始，幼发拉底河成了以巴格达为首都的阿拔斯王朝和在开罗建立的法蒂玛王朝的政治界线，正如它在上千年的时间里一直是波斯世界和希腊罗马世界的界线一样。在三个半世纪的例外之后，伊斯兰世界的版图终于回到了原来的正常状态，这是由于极其有限的财政资源无法令数量众多的阿萨比亚稳定下来。

突厥人的鼎盛与衰落（1000—1200年）

公元1000年后，在此之前被觊觎帝国权力的大家族召集在一起的阿萨比亚开始以自己的名义登上历史舞台。法兰克人曾经是拜占庭和安达卢西亚的阿拉伯人的雇佣兵，柏柏尔人曾为法蒂玛王朝服务，突厥人是巴格达的阿拔斯王朝最主要的支持力量。他们开始争夺地中

（接上页）12世纪在伊拉克出现了希拉（Hilla）的马兹雅迪德王朝（Mazyadides）。其中一些部落后来在12—16世纪形成马格里布政权的阿萨比亚。

海沿岸的农耕地区，这一地区的居民经过罗马帝国、伊斯兰帝国和拜占庭帝国的千年统治，已放弃了武装。西班牙的柏柏尔人和法兰克人之间的交战（11—13 世纪）被称为“收复失地运动”（Reconauista），战争中法兰克人获得了优势；法兰克人和突厥人之间的冲突（11—13 世纪）被称为“十字军东征”，以突厥人的胜利告终，但法兰克人还是夺得了西西里和拜占庭帝国的一大片土地。最后，在埃及，突厥人与柏柏尔人交战，并推翻了柏柏尔人建立的法蒂玛王朝（11—12 世纪）。这三个伊斯兰帝国创建的或者说促使创建的阿萨比亚对地中海地区的争夺普遍没有得到正确认识。人们只看到了宗教冲突，认为柏柏尔人和突厥人代表了伊斯兰教，而法兰克人代表了基督教。但这一次，在估测帝国命运的时候，宗教因素仍然无足轻重，重要的是两类人的自我认同：一类是农耕人口，另一类是游牧人口。在这一时期的历史中，公元 1000 年时安达卢西亚人（可能）大部分是穆斯林，西西里人很可能既有人信仰希腊正教，也有人信仰伊斯兰教，埃及人则被分为科普特基督教徒和穆斯林。这些都不重要，重要的是要理解，他们都是农耕人口，因此数量庞大，习惯于纳税，并且无法进行武装防御。不管他们是穆斯林还是基督教徒，都是胜利者希望得到的纳税人，这些胜利者可能是突厥人、法兰克人或柏柏尔人，也可能是穆斯林或基督教徒，但他们首先人数有限，而且被战争累垮，企图靠牺牲纳税人来行使权力，不过他们对待这些人很有分寸，因为这些人是他们觊觎的财富。

在这三个阿萨比亚中，突厥人无疑是最强大的。历史上第一个突厥王国在波斯萨曼王朝的马穆鲁克的推动下于977年诞生于如今阿富汗的伽色尼（Ghazna），在接下来的几十年中取代了它过去的主人，统治了河中地区和伊朗东北部的呼罗珊（Khurasan）。这个突厥人的伽色尼王朝（Ghaznévides，名称源于伽色尼城）最著名的君主为马哈茂德（Mahmûd，999—1030年在位），他是最早率领穆斯林进攻印度的人，极大拓展了伊斯兰世界的视野，令其看到了仅次于中国的世界第二大农耕地区。[①] 马哈茂德在去世前征服了旁遮普地区，即如今巴基斯坦的中心地区。他在那里建立了拉合尔（Lahore），直到1186年以前，他的子孙一直在这里实行统治。[②] 伊斯兰教历史上对印度最初的占领只能用欧洲对美洲的占领来

① 公元1000年，印度大约有4 000万人。而到1250年伊斯兰国家占领印度北部时，这一数量就翻了一倍，达到大约8 000万人。在1340年的鼠疫爆发之前，印度人口达到了1亿人，很可能超过了遭到蒙古人入侵的中国的人口数量。

② 伊斯兰国家的拉合尔城可能是晚一些才建立的，即11世纪。人们将它的建立与伽色尼的马哈茂德联系起来，因为他后来成了印度的伊斯兰国家的奠基人。很可能拉合尔在伊斯兰国家之前就存在了，但无疑是伊斯兰国家使它最早焕发出首都的光彩。

类比。在若干个世纪中，中东人口相对减少，在世界舞台上的活跃程度也有所减弱，伊斯兰帝国的体制将会龟缩在南亚次大陆上，并逐渐变成了英国的殖民地。这将是我们研究的重点。现在，正如所有新崛起的阿萨比亚通常会做的那样，伽色尼王朝的箭正瞄准帝国失去武装的中心，即哈里发所在的巴格达。然而在公元 1040 年后，另一个突厥王朝迫使它远离了目标，这就是在至少半个世纪里（1040—1080 年）占领伊朗、伊拉克和叙利亚的塞尔柱王朝。[①]

在 1071 年的曼齐刻尔特战役中，塞尔柱王朝大败拜占庭帝国。这场胜利给塞尔柱王朝带来了影响最深远的战利品——安纳托利亚，今天我们称之为土耳其。不过，这一胜利只是实现一个更大野心的过程中附带的收获，这个野心就是通过推翻开罗的法蒂玛王朝的哈里发，重建统一的伊斯兰帝国。在公元 1000 年后的所有伊斯兰王朝中，塞尔柱王朝将是唯一持久地跨过了作为象征性界线的幼发拉底河到达叙利亚和安纳托利亚的来自东方的一个民族。历史上其他任何突厥政权，包括被限制在伊斯兰国家西部领土的奥斯曼帝国，都没能控制过这样广阔的疆域。但这也只是昙花一现，塞尔柱王

① 这既反映了它们的对手在军事力量上的薄弱，又说明了它们的征服行为的鲁莽——从王朝的寿命即可看出。

朝的设想迅速破灭。王朝的中央政权从阿拔斯王朝那里获得了“苏丹”的称号，自此以后这一称号在伊斯兰国家成了现实中的最高权力的同义词。然而这个中央政权在1095—1160年间无休止的战争中垮台。塞尔柱王朝的阿萨比亚中最强大的部分在叙利亚和安纳托利亚宣布独立，并催生了阿尤布王朝（Ayyoubides）。该王朝由萨拉丁（Saladin）建立，并于1187年打败了耶路撒冷的法兰克人。在帝国的中心区域，即伊朗和伊拉克，留在这里但已失势的塞尔柱人到12世纪末已经消失殆尽了。

人们找出了很多原因来解释这次失败，这些原因都是可以接受的。很明显，王朝没能成功定居下来，也没能成功地驱逐其自身阿萨比亚中含的暴力因素，也就是使突厥部落远离帝国中心和平的赋税地区，即伊朗和伊拉克。确实，王朝击退了几场入侵，使入侵者退回到西边塞尔柱边境突出的领土，即从拜占庭那里抢夺来的安纳托利亚和从法兰克人那里得到的叙利亚。塞尔柱人的的确确完成了传统的帝国整合：让突厥部落打仗，让波斯的塞尔柱王朝的大臣（或称维齐尔）尼扎姆·穆勒克(Nizam al-Mulk)管理国家财政，并针对开罗法蒂玛王朝的什叶派发起逊尼派意识形态上的战争，最终塞尔柱王朝获得了胜利。生产职能和军事职能根据民族和语言分配：苏丹由突厥人出任，后者的语言是战士的语言；大臣（维齐尔）由波斯人担任，他们的语言是行政语言，后来渐渐被阿拉伯语取代。然而，什叶派的一个分支阿萨辛派（Assassins）对尼扎姆·穆勒克的谋杀（1092年）和几个月后苏丹马立克沙阿（Malik Shah）的死亡使得帝国定居化的部分失去了领袖。

然而，塞尔柱王朝的灭亡最主要的原因是一场通常被人们忽略的变革：继怛罗斯战役吸纳了突厥的阿萨比亚为伊斯兰帝国所用（751年）以来，非伊斯兰民族在东北部的蛮族世界中第一次重新振作起来。大草原另一侧的中国开始觉醒，并削弱了突厥部落，后者此时已经皈依伊斯兰教，全面或有限地参与到伊斯兰帝国的建设和维持工作中，并因此成为半定居化的民族。伊本·赫勒敦解释说，文明令游牧民族定居下来，也就是说，文明消耗并杀死支撑它的游牧民族。正如为中国服务的突厥系匈奴在三四世纪灭亡，在公元800年后进入伊斯兰国家的突厥系古兹人（Ghuzz）也为了那时还不为人所知的民族的利益走到了他们生命的尽头，在此之前他们没有和中国文明或伊斯兰文明发生过任何联系，也正是这个原因而被普遍误认为他们是世界上最野蛮的民族，此即被我们称之为蒙古族的民族。

正如经常发生的那样，一个充当信使的民族宣告了他们的到来，这个民族也属于突厥系，但已经不是穆斯林了，他们是西辽人，又被称为喀喇契丹人（Karakitaï），靠近中国，曾在1136年入侵河中地区。[①] 塞尔柱王朝的苏丹桑加尔（Sanjar）本想阻止他们的入侵，却于1141年在撒马尔罕附近被击败，在1154年又一次被击败。在1157年桑加尔去世时，塞尔柱王朝的中央政权便消失了；在此后两代人的时间里，自8世纪初开始征战以来河中地区第一次被一股异于甚至与伊斯兰教对立的权威控制。这一地区在13世纪初被伊斯兰民族短暂夺回，直到1219—1221年被蒙古人横扫。

唐朝（750—900年）的终结

中国在定居与暴力这两种互补的人群中建立了平衡，这种平衡方式与伊斯兰世界不同。我们看到，怛罗斯战役使得突厥民族中最活跃的部落在四个世纪中成为伊斯兰国家的从属，并使中国失去了最强大的阿萨比亚。然而，与中东的伊斯兰世界不同，中国的农耕文明在900—1200年间绽放出了异常灿烂的光辉。女真王朝大辽（中国北部）和宋朝在经历了三个世纪的扩张后人

① 喀喇契丹人为突厥异教徒，是喀喇汗王朝的附庸。喀喇汗王朝属于穆斯林的突厥人，11世纪就在河中地区建立王朝，后被喀喇契丹人从河中地区赶走并取而代之。这种反客为主的行为与一个多世纪以前身为主人的波斯萨曼王朝被突厥的伽色尼王国取代如出一辙。

口增长了一倍，成为世界历史上第一个人口数量超过 1 亿的政治体。1200 年，在蒙古人入侵之前，其人口数量可能达到了 1.2 亿，占世界总人口的四分之一或三分之一。[①] 伊斯兰国家的部落力量经常显得过于强大，导致帝国的国家机构难以控制。相反，宋朝（960—1276 年）将一切赌注押在一个紧凑的文官制度上而忽略了军事防御。

唐朝在怛罗斯战役失败后遭遇了其历史上最严重、最具决定性的反抗，这是失去河中地区以及与中亚民族的同盟之后无法避免的后果，后来伊斯兰国家获得了这一同盟关系。755 年，北方军队的首领、突厥混血儿安禄山起兵反抗无能的政权，并扬言要夺取其统领权。[②] 叛军毫无困难地占领了首都，却被朝廷召来营救的回纥和吐蕃部落击败（757—762 年）。这两个民族后来在中国西北部的甘肃地区占据多数，而这里正是唐朝皇室的发源地，他们独掌帝国所需的军事力量，此后帝国由于缺乏兵力还需向这些蛮族购买兵力。[③] 763 年，吐蕃人

① 1200 年，世界人口数量约有 4 亿。

② 参见 Jacques Gernet, *Le Monde chinois*, op. cit., I, p. 327。公元 730 年后帝国所有的军事将领都是蛮族人。安禄山的叛乱标志着粟特的阿萨比亚时期，后者在 650—750 年间与唐朝结盟并占据统治地位，它曾给王朝带来塔里木盆地和河中地区的支配权。

③ Ibid., I, p. 343，关于 8 世纪后半叶甘肃地区唐朝贵族的消失。

占领了帝国的种马场，帝国因此失去了不可或缺的骑兵。公元790年后，唐朝失去了对中国西部地区的控制，但朝鲜人（高句丽人）在668年效忠唐朝后，也承担了帝国的一部分军事力量。[①]

9世纪，唐朝政府撤到中国南部，又被乘虚而入的缅甸人逼至四川的中心地区，与此同时，唐朝也因地方割据势力而陷入混乱。在王朝收缩的过程中，唐宋王朝更替期间出现了权力真空（907—960年），此时北方诞生了突厥人的王国契丹（923年后），南方出现了越南（安南，939年后），后者脱离了中国的政治控制。[②] 这是中国政府登记的纳税人口减少的原因，尽管出现了经济发展的兆头。[③] 事实上中国南方人口持续增长得益于水稻的高产。在宋代，南方的人口数量首次超过了曾作为汉朝核心基础的北方。[④] 由于土地税收不足，唐朝在公

① Jacques Gernet, *Le Monde chinois*, I, pp. 327–329. 怛罗斯战役中被打败的将军是朝鲜人（p. 326，同时参见 René Grousset, *Histoire de la Chine*, p. 191）。

② Ibid., I, pp. 330–331.

③ 参见 René Grousset, *Histoire de la Chine*, p. 204，中国人口由754年的5 200万人减少至839年的3 000万人。根据伊本·赫勒敦的说法，这并不是真正的人口数量的下降，而是政府控制的纳税人口的减少，即农耕人口的减少。参见 Jacques Gernet, *Le Monde chinois*, I, p. 331。

④ 参见 John King Fairbank et Merle Goldman, *Histoire de la Chine*, pp. 176–179。约1150年，女真人统治下的中国北方约有4 500万人，而宋朝统治下的中国南方的人口数量已达到5 000万至5 500万。

元 750 年后加重了商贸的税收，加大了没收充公做法的力度，其时中国南北方互通有无的贸易开始频繁起来。商品垄断增多：首先是 759 年盐的专卖，接着是酒（764 年）和茶叶（793 年）的专卖。这些商品的间接税——对商业间接征收的税——构成了公元 800 年后国家的主要收入来源。国家收入的增加促使货币结构发生变化，并使地方和帝国的联系更加紧密。这一变化在宋朝仍在继续。

公元 845 年后，帝国的核心阿萨比亚回鹘部落被柯尔克孜（黠戛斯）的突厥部落打败，这似乎是有记载以来回鹘人遭遇的第一次失败[①]，它使中国失去了保护者，在其内部掀起了对异教徒和异族人的迫害浪潮，由此产生了一道任何人都无法逾越的鸿沟，一边是国家的承担生产职能的汉族，一边是承担暴力职能的异族。将异族的武力从帝国中驱逐出去，让这片土地上逐渐浮现出汉族的阿萨比亚，自汉朝以来这还是第一次。公元 870 年后，他们被因国家垄断——尤其是对盐的专卖——而集中起来的财富吸引聚集起来。在 874 年至 883 年，逃兵和走私盐商发起了一场声势浩大的起义（黄巢起义），

① 参见 René Grousset, *Histoire de la Chine*, pp.196–197，以及他的 *L'Empire des steppes*, p.176。

并占领了首都，之后被政府的老救兵突厥军队镇压。[①] 我们将会看到这次起义在很久之后的回响便是1355—1368年建立明朝的起义，元末的这次起义也是在边境的部落武力缺乏的情况下促进了阿萨比亚在文治社会边缘兴起的关键因素之一。起义爆发需要一个彼此利害相关的阶层，通常是边缘化的或从事非法勾当的人，他们为逃避国家垄断造成的定期开支而聚集起来，这种垄断包括国家将某种商品生产收归已有或者禁止某种商品的买卖。在9世纪的中国，垄断主要针对盐；19世纪鸦片被东印度公司垄断；如今拉丁美洲、阿富汗和撒哈拉沙漠以及撒哈拉沙漠以南的非洲垄断了麻醉品。

宋朝（960—1276年）的奇迹

中华大地在经历了一个多世纪的动荡（870—980年）后重新被宋朝统治者控制。回鹘人、吐蕃人和鞑靼人等“蛮族”在唐朝的最后一个世纪里曾为帝国军队效

① 参见 Jacques Gernet, *Le Monde chinois*, I, pp. 337–339；René Grousset, *Histoire de la Chine*, p. 205，以及他的 *L'Empire des steppes*, pp. 179–180。同样的起义摧毁了广州，使那里的波斯和阿拉伯商人遭到屠杀。与此同时，在伊拉克靠近沙特阿拉伯的西部边疆，辛古叛乱（Zanj，869—883年）和卡尔玛特叛乱（Qarmates，895—1100年）阻断了波斯湾地区的贸易交通，结束了该地区9世纪与亚洲频繁的海上贸易，用阿拉伯语来说，“印度和中国的联系”就表现为这种海上贸易。

力，而宋朝则不再直接征用他们。政府将一些犯人和南方原住民训练成士兵，雇用他们组成职业军队。[①] 自8世纪以来骑兵都是由蛮族培养，因此军队缺乏骑兵，战斗力不足，甚至敌不过帝国的文职精英。[②] 在一项新举措中，尽管这项举措只有在六七个世纪之后的西方才获得成功，帝国努力用精良的武装来弥补军力弱小的问题。正如在其他领域一样，宋人为了服务于战争而充分发挥了农耕文明的技术智慧——他们发明了突火枪，此为最早的火炮，或者至少是最早的管状火药助推器（1132年），以及桨轮船。[③] 谢和耐指出，14世纪后这些潜力巨大的发明搅动了西方世界，而在中国则不然。[④]

① 参见 Jacques Gernet, *Le Monde chinois*, II, pp. 29–30。自汉代以来就有雇用犯人完成军事任务的做法。唐朝最后一次"募兵"的尝试，或者说征募世袭军事土地的尝试，即府兵制，在722—749年被废除。参见 Danielle et Vadime Elisseeff, *La Civilisation de la Chine classique*, p. 340; John King Fairbank et Merle Goldman, *Histoire de la Chine*, p. 187。

② 参见 Jacques Gernet, *Le Monde chinois*, II, p. 31。11世纪中叶，一场大规模的税制改革（指王安石变法。——译者注）致力于建立一种和拜占庭帝国的军事行政区相当类似的制度。特别是，这项改革准备将养马的任务交给农村的民户，这些村民形成了世袭的骑兵队伍。1076年，改革的发起人辞去了官职，改革就此废止。参见 Jacques Gernet, *Le Monde chinois*, II, pp. 26–29, 38; Danielle et Vadime Elisseeff, *La Civilisation de la Chine classique*, pp. 358–359。这场改革表明帝国想要增加税赋收入，这一意图又因政府对军队的不信任而变得越加强烈，这种不信任发展成为对武官的蔑视和一些有形的措施。参见 Jacques Gernet, *Le Monde chinois*, II, p. 57。

③ 参见 Jacques Gernet, *Le Monde chinois*, II, p. 32。

④ Ibid., II, p. 34.

这是因为西方世界没有意识到帝国内部存在的将农耕人口与武装力量截然分开的鸿沟，也没有意识到军事职能在帝国社会中发挥着最主要的作用。相反，这些军事技术革新很难被伊斯兰帝国的军队接受，因为他们对自己的阿萨比亚的战斗力十分自信。

为了保障帝国安全，中国只能通过让出一部分领土的方式来换得蛮族保护者对边境的防御，除此之外没有更好的办法。罗马帝国在衰落时也是这么做的，还有一个世纪前的阿拔斯王朝，其统治者同意在东部和西部的边境地区设立世袭自治的统治王朝。宋人在平定叛乱失败之后，与西北部鄂尔多斯高原上的西夏国（约 1000—1209 年）谈判。在唐朝灭亡后的混乱中，契丹人曾在 936 年占领（今天的）北京地区，宋人也与他们进行了交涉。[①] 12 世纪初，契丹人的阿萨比亚由于他们的逐渐定居化而衰弱下来，并被女真人取代（1115—1234 年），后者为了自己的利益进行大规模的南征，并占领了宋朝首都开封（1126 年），迫使宋朝政府退至扬子江以南的

① 参见 Jacques Gernet, *Le Monde chinois*, II, pp. 85–86。契丹人在 923—956 年入侵中国北部，于 936 年占领（今天的）北京地区，947 年占领开封，后来宋人收复了开封。然而，宋朝几次试图收复北京地区的尝试均以失败告终（979 年、986 年），最终只得以放弃该地为代价获得契丹人对边疆的保护。而宋朝与西夏的结盟缓和了与契丹人不得已的结盟造成的损失。

杭州。[1] 尽管在外人看来，女真人建立了中国历史上第一个少数民族政权，并且为相当长时间之后17—20世纪初其同胞满族人开了先声。然而，经宋朝政府允许而进入中国击退契丹人的女真人与他们的手下败将扮演了同样的角色。[2] 在一场激烈的争论后，宋朝政府放弃了收复开封的计划。这次领土的放弃开启了宋朝以及封建中国的一个黄金世纪（1150—1250年）。

宋人之所以能够做出如此巨大的领土让步，是因为中国南方的经济增长和人口增加在很大程度上弥补了其承受的损失。中国的人口数量在公元900—1100年从5 500万飞速增长至9 000万，至公元1200年左右很可能达到了1.2亿。可以看出，这一增长归功于水稻种植，这使南方的优势超过了作为历朝基础的北方。[3] 但

① 参见 Jacques Gernet, *Le Monde chinois*, II, pp. 81–82。谢和耐认为契丹人和女真人都属于汉化的蛮族。在蒙古人眼里这两个民族都是汉人。但谢和耐补充说，不幸的是，汉化程度越高的民族军事力量越弱。显然，伊本·赫勒敦证实了这种说法。在伊斯兰帝国治下的河中地区的历史上，有一支名为喀喇契丹（Karakitaï）的契丹人部落保持了游牧的特性，他们在25年后（1141年）打败了塞尔柱王朝的苏丹桑加尔。

② 参见 John King Fairbank et Merle Goldman, *Histoire de la Chine*, pp. 177–182。"中原—游牧"的平衡并没有改变，尽管女真人得到的回报（半个中国）比契丹人丰厚得多。随着女真人的汉化，他们在公元1173年后采纳了科举制度，语言仍是女真语（参见 Jacques Gernet, *Le Monde chinois*, II, p. 91）。他们仍然或者说重新将都城设在了北京（参见 René Grousset, *Histoire de la Chine*, pp. 229–231）。

③ 参见 Jacques Gernet, *Le Monde chinois*, II, p. 43–44; Danielle et Vadime Elisseeff, *La Civilisation de la Chine classique*, p. 360。

最显著的变革始于唐朝末年的混乱，这就是经济上货币结构的改变和广泛的技术进步，这在欧洲文艺复兴前是史无前例的。宋代的中国发明了一种印刷术——雕版印刷；宋瓷的质量达到了无与伦比的程度，宋人还发明了青瓷；宋朝将纸张的应用推广到地中海世界从未达到的程度；他们大量使用铁和铸铁技术，为此在 11 世纪生产的煤比 1788 年的英国还要多；他们用大型帆船出口丝绸、茶叶、甘蔗和染料。① 12 世纪的开封，特别是 13 世纪的杭州，可能是世界上最大的城市。②

这种惊人的发展允许并要求一种货币制度的巨大变革，为生产的增长提供与之相称并能够刺激生产的大量货币。宋朝政府在 13 世纪中叶开始印发纸币，并将人头税（劳动力价格下降）变为土地税（地价上涨）；他们增加了消费税、商品运输的通行税，并用征收专项费用取代徭役。③ 科举制度确立了宋朝文人的首要任务，依靠这项制度取得成功的通常是南方的考生，他们将因

① 参见 Jacques Gernet, *Le Monde chinois*, II, p. 45–46, 59–65；Danielle et Vadime Elisseeff, *La Civilisation de la Chine classique*, pp. 363–370。中国在公元 1200 年生产了 250 万张纸。

② 参见 Jacques Gernet, *Le Monde chinois*, II, p. 40（关于开封）；Danielle et Vadime Elisseeff, *La Civilisation de la Chine classique*, pp. 371 及之后关于杭州的论述，包括当地的医院、孤儿院、下水道和旅店。

③ 参见 Jacques Gernet, *Le Monde chinois*, II, pp. 17, 40, 48；Danielle et Vadime Elisseeff, *La Civilisation de la Chine classique*, pp. 349, 356–357；René Grousset, *Histoire de la Chine*, pp. 219, 223, 282。

此变成最富裕、最有文化的一群人，简而言之，变成了最典型的中国文人。儒家学说和尚古之风盛行，佛教开始衰落。[1]

帝国在没有实质性的军事保护的条件下重建了和平。在中华大地的另一端，在女真人的边防线以北，一个历史上最可怕的阿萨比亚形成了，它因年轻和野蛮而极具侵略性。信奉伊斯兰教的突厥人的阿萨比亚在12世纪中叶衰落，在四个世纪以来第一次将霸主地位让给了中国，并集合起了从未进入帝国历史的民族。大陆北方形成的蒙古阿萨比亚和位于中国南方地区的宋之间相距甚远，在地理上显示了军事职能（北方）和生产职能（南方）的截然分立。最野蛮的民族被最精致的文明召唤、吸引。或许没有宋朝的奇迹，蒙古人也就不会因为想要占有它而对它发起侵略，也就不会摧毁它了。

① Jacques Gernet, *Le Monde chinois*, II, pp. 23–25, 56, 70; Danielle et Vadime Elisseeff, *La Civilisation de la Chine classique*, pp. 349–351.

第 四 章

蒙古人、鼠疫和中东的衰落

（1200—1500 年）

再一次，同公元第一千纪时一样，人口及人类活动的曲线向下弯曲，此次人口减少持续的时间的确更短了一些，但也许更残酷。两大祸患困扰着最令人垂涎也是人口最稠密的帝国世界：蒙古人及其追随者的入侵——一直到帖木儿时期（1200—1400 年左右），以及在中东和地中海地区消失了将近 7 个世纪而从 1340 年起又卷土重来的鼠疫。[①] 这两者中任何一个灾祸都造成了千万人丧生，而鼠疫及类似瘟疫为数众多又来势汹汹，一直持续到 15 世纪，因其丧生的人可能远多于蒙古人杀害的居民。1200 年时全球约有 4 亿人，而在中国、印度

① 从 1331 年起，鼠疫甚至又在中国出现。参见 John King Fairbank et Merle Goldman, *Histoire de la Chine*, op. cit., p.191。780 年左右，鼠疫就在中东消失了。

和欧洲经历了 3 个世纪令人瞩目的增长之后，尽管遭遇了 1340 年的鼠疫与随之而来的蒙古人入侵，世界人口数量仍达到了 4.4 亿。1400 年世界人口数量仅有 3.75 亿，1500 年时达到了 4.6 亿，而这仅仅填补了瘟疫造成的损失。总体而言，尽管有相当多的地区没有受到瘟疫之灾[①]，但在 300 年的时间里世界人口仍仅增长了 15%。

在这两大祸患影响下，中国在四五百年内丧失了绝对人口优势地位。印度次大陆赶上甚至超越了中国：当印度次大陆上的帝国在 16 世纪实现统一时，它拥有的人口数量与中国明清时期一样多。中东失去了古代历史赋予它的最后那份光辉，就此走向了衰落。伊斯兰帝国虽然在它的中心（伊朗、伊拉克、叙利亚甚至埃及）垮台了，但在其新近征服的更富饶的领土——一个是奥斯曼帝国的巴尔干地区，另一个是莫卧儿王朝的印度——上找到了新的平衡。与我们的常识和历史教科书所言正相反，公元 1500 年之后，印度成为伊斯兰文化的固定不变的中心。[②]

① 鼠疫在 15 世纪消灭了至少 15% 的世界人口，尽管很多地区（美洲，或许还有撒哈拉沙漠以南的非洲）并未出现疫情。

② 印度当然也是穆斯林的权力中心。一直以来绝大多数印度人仍是印度教徒。在英国人 1871 年率先实行的人口统计中，穆斯林占总人口的 20%，约占现今印度、巴基斯坦和孟加拉国地区当时总人口的 28% 至 29%。

蒙古人统治下的中国（1215—1368年）[①]

中国自始至终都是蒙古人优先考虑的攻击目标，1209年到1234年间，后者先后歼灭了盘踞在中国北部及西北部作为保护者的蛮夷国家（西夏，1227年；女真，即金，1234年）。1215年，成吉思汗攻克北京。这个靠近草原的城市成为中国蒙古政权的都城，而在1260年忽必烈继承汗位并成为中国皇帝后，它又被确立为整个蒙古帝国的首都。然而，最初一代的蒙古人不习惯定居的生活方式，他们拒绝在部落武力与定居生产方面采取帝国式的联合。在所有的伟大征服者中，只有成吉思汗，这位自1215年起统治着数百万中国农民的封建主，抛弃了这笔以定居生产换得庇护的隐性交易。他没有强迫这些生产者按惯例缴纳贡赋，而是根除了此类生产。蒙古人似乎打算使土地摆脱人口过多的负担，并将中国北方变成供牛羊和狼群生活的牧场。[②] 相同的处理措施于1219年到1221年在信奉伊斯兰教的河中地区推行，随后在伊朗北部推行（1221—1231年），1238年到1241

① 如同前文一样，本节以后各章节关于我国历史年代和历史事件的表述与我国正史上记载的不尽相同，多有错讹，这反映了西方学者对中国文化不尽准确的认识。译文中大多遵从原文，未一一更正。——校译者注

② 参见 René Grousset, *Histoire de la Chine*, op. cit., p. 263–265; *L'Empire des steppes*, op. cit., pp.291–306 关于尤其是在生态脆弱的中亚河中地区进行根除的细节。

年在基辅罗斯和匈牙利实行，虽然这些地方的人口密度要小得多。

这种系统性根除定居生产的做法并没有持续下去，成吉思汗去世（1227 年）之前在中国北方就已经被废除了这项政策，但它仍象征着某种精神。堆满头颅的山丘引发了恐惧，蒙古统治者及其继承人将会从这种恐惧中受益，这是为了维持对民众的必要的威吓，但也是为了强化皇权的印记不致使人淡忘[这与旭烈兀（Hulagu）1258 年在巴格达对伊斯兰哈里发所做的一切别无二致]。

公元 1260 年后，第二代蒙古人，尤其是征服者成吉思汗之孙忽必烈及其兄弟旭烈兀，在其父辈攻克的地区逐渐建立了帝国。尽管蒙受了巨大的破坏，中国仍是人类定居的中心。1251 年到 1276 年，蒙古人用比征服中国北方更少的兵力打下了南宋。[①] 旭烈兀完成了对伊朗和伊拉克的征服：他在 1258 年杀死了位于巴格达的阿拔斯王朝的哈里发，清除了这位渴求可与大汗分庭抗礼、追求世界霸权的教主仅有的其他权力。在此情况下，蒙古人的灭绝政策又派上了用场。巴格达遭遇灭顶之灾，在 17 天的时间里城中居民被全部杀害。[②] 两年以后，即 1260 年，在巴勒斯坦被称作“歌利亚之源”的

① 参见 René Grousset, *Histoire de la Chine*, op. cit., pp. 270, 276。

② 据谨慎估计，遇难者至少达到 7 万人。

地方，埃及的马穆鲁克，新大卫，成功击溃了威胁尼罗河流域安全的蒙古军团。并不是刻意降低这个被整个东伊斯兰地区当作天赐救赎而大加庆祝的胜利的重要性，但必须承认的是，在1260年，蒙古人就已经选定了帝国的道路，并采取一系列措施稳定边疆，开发所占领域，驱逐那些最为好战且不安分的部落。在同一年，中国的皇帝忽必烈即大汗位，并将自成吉思汗时期就已确立的喀喇昆仑大草原直到中国定居地区的北京（大都）重新作为帝国的中心。中国驯化了蒙古征服者，并削弱了他们的那些原本锐不可当的战士的战斗力。在1276年以及南宋的抵抗结束后，蒙古人进行的所有征服活动都失败了。同蒙古人在安南和占婆（1283—1287年）、爪哇（1293年）的征服活动遭遇失败一样，日本也分别在1274年和1281年两次击退蒙古舰队。[①] 旭烈兀仅仅满足于加强其独立于北京之外的蒙古总督（伊尔汗）在伊朗和伊拉克的统治权力（1260—1335年）。

元朝——蒙古人采用的中国名称——度过了一段漫长而又深远的衰退期。1400年的人口数量从1200年宋朝人口顶峰时的约1.2亿回落到7 000万，这还是在最

① 参见 René Grousset, *Histoire de la Chine*, op. cit., pp. 278–279；Jean Esmein, François Macé, Hiroyuki Ninomiya et Pierre Souyri, *Histoire du Japon*, Écully, Horvath, pp. 166–167。这些远征对宋朝的海军进行了吸收利用。John King Fairbank et Merle Goldman, *Histoire de la Chine*, op. cit., p. 190. 蒙古人在爪哇的失败强化了满者伯夷（Madjapahit）的王权。

好的时候。[①] 困难时期的措施重新被实施：提高赋税以弥补纳税人数的减少，手工业者作为世袭种姓集中在首都。[②] 当时帝国还用中国定居生产来换取蒙古和伊斯兰帝国的武力。中国技师在伊拉克、中国天文学家在伊朗的存在均得到了证实。[③] 中国同蒙古人控制的一些中东地区共享大量的先进技术：指南针、雕版印刷术、造纸术、航海舵、冶金术。作为回报，蒙古人在他们从伊斯兰帝国习得的军事和行政管理资源方面引领着中国。中国人比往常更加疏于系统性的武装，尤其是更加脱离管理。[④] 科举考试用的中文被排斥在权力中心之外。[⑤] 佛教重新得到保护，伊斯兰教在甘肃地区也有了发展。[⑥]

蒙古人在中国将人划分为三个等级：他们自己作为第一等级位于权力的中心；第二等级为外国人，其中穆斯林占大多数，但帝国也将如马可·波罗这类人列入其中；最后是处于第三等级的汉人，被认为汉化程度很高、已不再属于第一等级的蒙古亲戚的契丹人和女真人

① René Grousset, *Histoire de la Chine*, op. cit., p. 280.

② Jacques Gernet, *Le Monde chinois*, op. cit., II, p. 131. 此措施也被明朝继承。

③ Ibid., II, pp. 113–116.

④ Ibid., II, pp. 102–103; John King Fairbank et Merle Goldman, *Histoire de la Chine*, op. cit., p. 191.

⑤ Jacques Gernet, *Le Monde chinois*, op. cit., II, p. 117 ; John King Fairbank et,Merle Goldman, *Histoire de la Chine*, op. cit., p. 194. 蒙古时代同样是科技创新辉煌而文化黯淡的时期。

⑥ 参见 René Grousset, *Histoire de la Chine*, op. cit., p. 290 ; Jacques Gernet, *Le Monde chinois*, op. cit., II, p. 118。

也包括在这一等级内。同 5 世纪到 7 世纪末开化的欧洲一样，一切都是依照统治者的法律进行判决。[①] 中国在挫折中取得了辉煌成就。它开辟的定居生活与暴力分立的做法备受推崇，而武力和国家治理也从未像元朝时那样两相分离。蒙古帝国表面看上去与 1 000 年来中原帝国建立起的一切决裂了，尤其是有威信的政府、官僚和道德；[②] 实际上，元朝与中原帝国关系密切，可谓一脉相承。

作为伊斯兰国家的帖木儿帝国

正如我们所见，从 1260 年起，忽必烈和旭烈兀着手确立中国为帝国中心、伊朗为独立的总督管辖区的中心，而把作为成吉思汗遗产的部落部分——位于今天乌克兰和哈萨克斯坦草原的金帐汗国和位于中亚的察合台汗国排除在外。[③] 当蒙古人的统治先后在伊朗（1336 年）和中国（1368 年）崩溃后，这些好战的边缘部落却存在了下来，正如安纳托利亚和塞尔柱突厥的叙利亚在塞

① Jacques Gernet, *Le Monde chinois*, op. cit., II, p. 109；John King Fairbank et Merle Goldman, *Histoire de la Chine*, op. cit., pp. 188–190.

② 正如 John King Fairbank et Merle Goldman, *Histoire de la Chine*, p.194 中强调的那样。

③ 察合台汗国，因成吉思汗的儿子察合台而得名。察合台在成吉思汗死后（1227 年）进行的帝国划分中继承了这一地区。

尔柱王朝位于伊朗和伊拉克的统治中心覆灭后存在下来一样。然而成吉思汗留下的这两部分遗产——金帐汗国和察合台汗国——很早就选择皈依了它们属下大多数突厥士兵信奉的伊斯兰教。[①] 之前被成吉思汗引向中国的蒙古人的其他阿萨比亚也同它们一道重新皈依了伊斯兰教。在接近公元 1300 年时悄然出现的奥斯曼埃米尔国随后的扩张，还有伊斯兰教力量再次占领印度，都是上述行为造成的后果。

但是，蒙古人酿成的后果中最惊人的政治事件发生在河中地区 / 察合台汗国，它是在一位取代了成吉思汗后代的突厥首领帖木儿（Tamerlan，1336—1405 年）以及帖木儿帝国的继承者们（1405—1507 年）的推动下产生的。在 35 年间连续不断的争斗中，其中最为艰难的是与最为接近的金帐汗国的突厥对手的数次较量，帖木儿征服了一个理论上从安纳托利亚和乌克兰草原一直延伸到德里的辽阔帝国。在塞尔柱王朝的创建者之后，再没有人能传给继承者一片如此巨大的领土了。但有两点值得注意：帖木儿帝国统治时期之短暂与征服手段之过度残暴，尤其是对反抗城镇的再征服。而这两个事实是相互联系的，中东地区定居人口密度的下降，农民尤其

① 从 1252 年起，对金帐汗国的征服仍没有结束，金帐汗国的可汗们很快就投奔了奇卜察克（qiptchaq），即突厥人的阿萨比亚。

如此，可以解释这两点。在伊斯兰帝国原来的中心——伊拉克、伊朗、叙利亚、埃及、安纳托利亚——蒙古人、突厥人的入侵，还有鼠疫的袭击，使物质生产的损失显得更加突出，这些物资供养着那些王国，它们在征服者进行统治时也属于必不可少之物。帖木儿帝国没有办法巩固统治，这就是它延续时间较短的原因。

数据的缺失使得我们无法对此做更加明确的分析。回想一下保存下来的1494年奥斯曼帝国进行的第一次人口普查资料显示的事实，安纳托利亚纳税的家庭不足100万户，等于说居民人数可能不足400万。伊朗和新月沃土地区大概也富裕不了多少。在15世纪的最初十几年里，埃及确实是鼠疫最严重的地区，它的人口不会超过400万人。

这些古老土地上人口数量增长缓慢甚至于下降与他们最普遍意义上的“贝都因化”（bedouinisation）有关联，也就是说在游牧的同时还有政治（主要是外来部落没收税款并以此为国家服务）和经济（主要是阿拉伯地区为了交通及放牧需求而减少耕地）因素的推动。沙维尔·德·普朗奥尔（Xavier de Planhol）指出，13世纪到15世纪，伊朗地区出现了一些大的突厥或突厥化的部落联盟——巴赫蒂亚尔（Bakhtiyar）、哈姆塞（Khamseh）或卡什加（Qashqaï），它们一直持续存在到20世纪。从更普遍的意义上讲，这是“部落”人民的时代，这里的“部落”具有的是伊本·赫勒敦赋予的含义，即以国家控制那些长期远离统一的政治实体的躁动不安的人民，他们随后大规模地进入伊斯兰教历史当中：库尔德人、俾路支人、普什图人或者阿富汗人，作为15世纪德里主人的洛迪王朝将普什图人安置到印度的政治格局之中。

在伊拉克、伊朗和阿塞拜疆这些伊斯兰帝国以前的中心，它们同时也是8世纪到12世纪高税收之地，应该是在帖木儿死后的半个世纪里（1405—1450年），帖木儿王朝迫于突厥部落联盟——先是黑羊王朝（1408—1467年），随后是白羊王朝（1467—1500年）——的压力，放弃了这块地区，而直接源于这两个王朝的萨法维王朝对伊朗的统治一直持续到1722年。由于缺少定居所需的物质资料和从事物质生产的人口，这些突厥联盟也未能确立它们的统治权力，尤其是没能建立起一个稳定的国都。但是，它们成功挑战了以河中地区发源地为依托、最终在16世纪初灭亡的帖木儿王朝。

然而，好战人群在阿富汗到安纳托利亚之间辽阔的高原地带的聚集不利于一个大型帝国的产生，而对向外部征服的部落活动十分有利。事实上，自14世纪末起，随着突厥战士在巴尔干地区进行奥斯曼圣战（1360年后），或帖木儿远征印度（1398年），这些向外扩张活动就已开始了。这些先锋战士在转向伊斯兰世界边境地区和不信基督教的土地时常常是胜利者和王朝奠基人，相反地，他们在选择了以前的中心地区作为拓展方向时却徒劳无获。帖木儿王朝、黑羊王朝、白羊王朝，甚至萨法维王朝，都在很大程度上遭遇了失败，原因就在于它们竟试图在一个被破坏了的伊朗大地上建立自己的政权。恰恰相反，最为辉煌的两个帝国的命运都建立在一次又一次的征服之上，奥斯曼人和蒙古人这么做分别是为了控制位于巴尔干地区和印度的那些对于维系国家稳定必不可少的定居人口，伊斯兰世界中心地区的人口从那时开始变得很匮乏。

帖木儿帝国进行的预防性根除手段

如果说整个问题的根源在于人口以及生产的不足，那么令人吃惊的是帖木儿进行的那些屠杀则加剧了帝国的衰退。他的这一行为或许经常被认为是错误的，应予否定，但行为的合理性正好在于将统治权力长久地建立在被广泛部族化、易得却也易失的疆土之上的做法的不可能性。虽然他的战场都离安纳托利亚、印度或者哈萨克草原很远，但是帖木儿也无法在他的老家河中地区和伊朗东北部之外的地方稳固政权。他一步步地将其远征的战利品——财宝、手工匠人，还有艺术家，都带回了首都撒马尔罕。他的其他征服行为则让人无法忍受。这个征服者毁掉了一切带不走的东西——财物和人民——正如一支军队在撤退时将那些无用或是太占地方的装备都付之一炬一样。在德里到安纳托利亚的布尔萨之间的地区，他关心的是防止敌对的帝国形态的出现。为此有两种办法：一是解除作为潜在的帝国缔造者的武装（特别是被他消灭了的突厥-蒙古汗国——金帐汗国，以及于1402年被他消灭了的快速发展的奥斯曼埃米尔国，为此他花费了50年的时间；他还在1398年灭掉了德里的苏丹）。但是，他的同类突厥人从此以后人数众多且极具进攻性，难以长久压制住他们。另一种防止可与之抗衡的帝国建立的办法则是剥夺他们定居所需的物质资料以及生产牧群。这就是帖木儿在消灭那些无法带回到位于中亚的防御据点的居民的同时做的事情。这种预防性的根除手段的确防止了帝国形态的产生，但这也显示出至少在这些地区伊斯兰国家范式是失败的。

印度，伊斯兰教的征服历程（1200—1400年）

原伊斯兰世界中心地区的人口减少，使伊斯兰教在中心地区建立日不落帝国的美梦破灭了，伊斯兰教也逐渐失去了在印度的霸主地位。印度有着丰厚的矿产资源，14 世纪初期印度的人口数量可能首次赶上了中国。[①]因此资源的枯竭是历史重建的必然结果。11 世纪到 14 世纪，几番波折之后，伊斯兰教征服了印度，而这片中央土地上帝国的衰败或者鼎盛，解放了在次大陆上汇集起来的部落阿萨比亚。11 世纪，伽色尼王朝的马哈茂德征战初期得到突厥力量的支持，可是在公元 1050 年之后，塞尔柱帝国的建立和马哈茂德之子的战败，使得伊斯兰教在印度的发展步伐停滞了一个世纪。为了塞尔柱帝国和伊朗的利益，伽色尼人把重心放在吸引游牧部族上面。他们的活动范围局限在阿富汗和旁遮普。1150 年左右，塞尔柱帝国的瓦解却让他们的部落联盟中最富有活力的部落群体获得了自由：在西方，叙利亚的阿塔贝格（atabeg，塞尔柱王朝名义上的最高统治者王子们的"督导"，即"太傅"）在一场激烈的战争中打败了十字军；在东方，古尔人（Ghourides）取代了在拉合尔的伽色尼人，并于 1193 年以压倒性的优势打败了印度王公的同盟军，占领了德里。这场辉煌的战役导致德里苏丹国于 1206 年建立。然而，1219 年后，苏丹国很快遭

① 公元初年，印度的人口数量总计约 4 000 万（大约是中国人口的一半）。然而，到了 1200 年左右，印度的人口数量为 8 000 万，1300 年左右，高达 1 亿多，已经超过中国的人口数量，当时中国正遭受蒙古人的入侵，满目疮痍。

到蒙古人的侵略。印度边境最活跃的伊斯兰王朝——古尔王朝和花剌子模王朝（Khwarezm Shah），20 年间被歼灭殆尽，大多数曾服役于伊斯兰王朝的突厥士兵归顺蒙古大军，入侵伊朗或中国。伊斯兰教的发展再一次停滞不前。

从逻辑上看，公元 1260 年后蒙古人定居下来并与印度居民和解，结束了印度动荡不安的局面，受益的是德里苏丹国。在攻占孟加拉国之后，13 世纪末期伊斯兰教势力已经控制了整个北印度地区，当时此地人口最为稠密。卡尔吉王朝（Khaljis，1296—1320 年）之后，权力移交到了图格鲁克（Tughluq）王朝的手上，他带人最先穿过半岛中部的德干高原。参照伊本·白图泰（Ibn Battuta）游记里的描述，我们有幸找到了穆罕默德·伊本·图格鲁克（Muhammad Ibn Tughluq，1325—1351 年）关于印度的一份特殊文件。

虽然我们习惯性地把伊本·白图泰当作游客来谈论，但是他在印度生活了 12 年，要不是因为伊斯兰教的命运看起来已足够明朗，他也许还会住在印度。1326 年至 1333 年，他在印度旅行期间，我们首先想起的是伊斯兰教中央世界的土崩瓦解，尤其是伊拉克、伊朗和安纳托利亚。印度在与废墟中的伊斯兰世界告别之后，获得了新生。

伊本·白图泰抵达德里苏丹国的时候，适逢苏丹国刚刚经历 1270 年到 1330 年间长达两代人的征战，苏丹国王权试图安定下来，并且尝试着使用自己偏爱的阿拉伯朝圣者的异域风情来装饰宫廷。这片次大陆上没少受到伊斯兰教统治者的残暴对待，首先表现在惩罚措施的残酷性和随意性上，目的是威吓那些人口规模让他们有所忌惮的民众。苏丹在暴力反抗期间亲手摧毁了自己的省份，分发着在自己领土上搜刮来的财物，国家迎来的不是爱惜资源的节制的君主，而是不知节制的慷慨盗贼。赋税观念还没有完全取代烧杀抢掠。[①] 此外，次大陆外来的穆斯林与印度教徒之间的对立总是存在的，他们本为印度教徒或者改信伊斯兰教并效力于苏丹国的信徒。可是苏丹的一个地位显赫的印度仆人威胁说，要发动一场针对伊斯兰教的人民暴动。所有在印度的外来穆斯林都被召集过来一起抵抗这场暴动，其中就包括伊本·白图泰。[②]

在阅读伊本·白图泰这部游记时，找出帝国征战的特点并不是一件难事：暴力源自外邦，来自印度河对岸

① 参见苏丹穆罕默德·伊本·图格鲁克远征镇压原住民叛乱和领土暴乱引发的哄抢之后回到德里的状况。苏丹遭到小型弩炮的袭击，这些弩炮被安置在行走于欢呼的人群中挂着银质手柄的大象身上。

② 一段时间之后，伊本·白图泰来到了德里，可是他的随从却离他而去，他只好东躲西藏，在一个全是印度教徒的国家里流浪了好几天，在这儿他的穆斯林身份就可以置他于死地，至少没有人愿意给他食物和水。

的穆斯林，伊本·白图泰等人把他们统称为霍拉桑人（Khurassaniens），“霍拉桑”是一个省份的名字，第一位征服君主马哈茂德曾是那儿的王公。很显然，这种（伊斯兰教）暴力职能有别于（由印度人承担的）贡品的出产和进献职能。

可是，由印度达官贵族改信伊斯兰教的现象可以窥见帝国局面的安定，这表明帝国内部不再有硝烟，他们因此舍弃地处边缘、没有大用处并且常有暴乱的省份，主动亲近在印度河和恒河最富饶的河谷地区发展起来的一个即将成型的帝国。1338 年到 1340 年，孟加拉地区从德里苏丹国分离出去，随后在 1346 年，穆罕默德·伊本·图格鲁克曾打算设为都城的德干也从中分离出去。公元 1336 年后，印度教反抗运动集中在维贾亚纳加尔王国南部。一直和德里宫廷关系冷淡的伊本·白图泰，终于在 1342 年拿到了印度居住权，居住地是位于半岛最南端的马杜拉伊（Maduraï）埃米尔国。德里的一位突厥军官基亚特·阿尔丁（Ghiyath al-Din）在那里建立了独立政权，但代价是对印度教居民在政治上实行不加控制的人口歼灭政策，印度教民众为了躲避赋税，跑到森林里避难。满腹疑惑的伊本·白图泰惊恐地发现，所有的残忍暴行，比如讨伐边境地区，对民众施以木桩之刑，甚至屠杀儿童，都是违背帝国相关命令的。1346

年，基亚特·阿尔丁和他的唯一继承人死于鼠疫。几年后，维贾亚纳加尔王国的印度教徒推翻了马杜拉伊埃米尔国。

然而在北部，逐渐过上定居生活的苏丹国军事力量却日益衰弱。1398年，帖木儿摧毁了德里，给图格鲁克带来了致命一击。伊斯兰教的印度被分裂成12个公国，这种分裂局面持续了至少半个世纪。14世纪末的印度，尽管经济发达，人口稠密，却只是一个受伊斯兰教控制的多国保护区。

明代（1368—1644年）的中国

公元1350年后，农民起义频发，动摇了中国对中部和东部的统治，尤其是扬子江流域，这些起义催生了明王朝。当初在伊朗汇集的蒙古阿萨比亚（1335年）已消失殆尽，使得元朝政府失去了来自伊斯兰世界的行政和军事资源。起义队伍里有船工、采盐工和走私贩，他们聚集在一起组建成红巾军。1356年，红巾军的一位领袖朱元璋攻占南京城，并在此称帝，改年号为洪武。[①] 这些边缘阶层发源于国家垄断下的非法侵占（食盐），他

① 参见 Jacques Gernet, *Le Monde chinois*, II, pp. 104–108, 128。正如我们所见，作者反驳了“农民起义”这一概念。勒内·格鲁塞把他们称作“爱国土匪”（*Histoire de la Chine*, p. 304）。

们掌握的权力缺乏部落的阿萨比亚。明朝军队攻占北京时（1368 年）没能劝降蒙古，但成功拉拢了朝鲜（1392 年），其宗主地位得到日本象征性的承认（1401 年）。[①]

当时的中国贫困不堪，洪武帝决心打破原有的国家赋税机制，实现暴力职能和生产职能的分离。现行的国家制度依靠经济上的自给自足和世袭制，很显然，当资源和人口减少时，这是一种常用的治国策略。农民也有等级划分，绝大多数农民缴纳适中的赋税，可是对于世袭军事种姓来说，他们的负担更加繁重，而且他们被招募进来最主要的作用是加大红巾军起义的胜算，也就是建立阿萨比亚。[②] 这种体系极度仇视赋税，仇视把税收集中到城市，憎恨商业以及由于交流的日益频繁而逐渐增大的地区和省份之间的不平等，这些让人联想起 7 世纪到 10 世纪之间拜占庭帝国的治国理念。[③] 在洪武帝的统治下，与文人相比，将士享有更好的待遇，这是因为洪武帝向来尚武轻文。[④] 洪武帝统治（1368—1398 年）结

① 参见 Jacques Gernet, *Le Monde chinois*, II, p.129。正如勒内·格鲁塞在书中所说，这里指的是自从唐朝以来中国首次实现国家统一（*Histoire de la Chine*, p. 307）。关于日本归顺的记载，参见 Jean Esmein, François Macé, Hiroyuki Ninomiya, Pierre Souyri, *Histoire du Japon*, pp. 202, 236。作为交换，1401 年中国承认征夷大将军足利（Ashikaga）为“日本国王”。

② 参见 Jacques Gernet, *Le Monde chinois*, II, pp. 125–131。

③ 参见 John King Fairbank et Merle Goldman, *Histoire de la Chine*, pp. 207, 208。

④ John King Fairbank et Merle Goldman, *Histoire de la Chine*, pp. 199, 200.

束时他的手上已沾满了血迹。1382 年到 1390 年间，洪武帝处死了自己在红巾军中的同伴和以前的土匪，这是一种迹象，表明君主专制体系的回归大概是不可避免了。[①]

事实上，在洪武帝去世之后，他的部分改革措施就被废除了：士兵出逃使得当初设立的军事机构被闲置在一旁。[②] 短暂内战之后，北部藩王、洪武帝之子永乐夺得皇权，并再次到草原蛮族中去征募外族士兵。此外，他还远征蒙古，确保后备军安然无恙。和蒙古人一样，1409 年永乐帝决定迁都北京，接手并且参与紫禁城的建设。[③] 在向北方寻求军事支持的同时，永乐帝试图在南方赚取商业利润或税收，目的是暂时缓和由于人口减少和自给自足的经济政策造成土地税收减少的局面。1407 年明朝军队攻占安南，直到 1428 年安南人击退明朝军队，才结束了中国明朝在安南的统治。永乐帝沿用的蒙古治国政策中最让人诧异的一点是，他派遣宦官郑和出海远航。1405 年到 1432 年间，郑和出访了爪哇、印度、霍尔木兹海峡和东非海岸。出海远航的船队规模庞大，

① 洪武帝统治期间（1368—1398 年）处决了 10 万人，集中发生在 1382—1390 年，那时的阿萨比亚已荡然无存。参见 John King Fairbank et Merle Goldman, *Histoire de la Chine*, pp. 199, 200；Jacques Gernet, *Le Monde chinois*, II, pp. 134, 135；René Grousset, *Histoire de la Chine*, p. 308。

② 参见 John King Fairbank et Merle Goldman, *Histoire de la Chine*, pp. 204, 205。

③ 参见 Jacques Gernet, *Le Monde chinois*, II, p. 132；John King Fairbank et Merle Goldman, *Histoire de la Chine*, pp.201, 202；René Grousset, *Histoire de la Chine*, p. 309。

船只数量众多[1]，这场带有政治色彩的出行旨在迫使印度洋主权国家归顺大明王朝，获得它们的贡品，以及扩大明王朝税收领土的面积。游牧民族和定居民族、北方和南方的两极分化重新确立。

在北方，被蒙古集团（1438—1449 年）最后的继承人瓦剌打败的大明王朝，修复边防，完成长城的重建（1474 年），受雇的长城守卫曾是与明朝敌对的部落成员。在南方，郑和的爪哇之行遭遇失败（1407 年），从安南撤出（1427 年），郑和暂停了出海航行。1479 年，中国自愿销毁了所有关于海上冒险的文档。[2] 印度洋重回伊斯兰教怀抱，穆斯林在 15 世纪和 16 世纪征服了苏门答腊和爪哇，两地后来被欧洲占领。在东南亚，中国和中国人不再扮演士和商人的角色。这些尝试给中国海域带来了商业的飞跃，出现了第一个海上阿萨比亚。

事实上，16 世纪颠覆了明朝的形象和行为。明朝继承的是一个相对贫穷和封闭的中国，而 16 世纪以后中国可以利用开放的欧洲世界。从美洲大陆来的第一桶金，

① 参见 Jacques Gernet, *Le Monde chinois*, II, pp. 138–143；René Grousset, *Histoire de la Chine*, p. 311; John King Fairbank et Merle Goldman, *Histoire de la Chine*, p. 209。这些帆船只能容纳 450 到 500 位船员，其中大多数是士兵。1405 年到 1407 年，在首次下西洋的航行中就使用了 317 艘帆船，相比而言，西班牙腓力二世的由 132 艘船只组成的无敌舰队规模略小一些。郑和航海一个半世纪之后，这位国王企图侵占英国。

② 参见 John King Fairbank et Merle Goldman, *Histoire de la Chine*, p. 210。

以及东南亚和日本的迅速发展，强烈刺激了海上贸易交流和掠夺，同时国家对海域的垄断和税收形成挑战，就像两个世纪以前扬子江流域的盐商对盐业贸易已经做过的那样。中国发现了新的贸易市场，开始在日本、欧洲和奥斯曼帝国贩卖丝绸、日用瓷器、印花布、漆器、染布或茶叶。1600 年，关税占国家预算的 25% 到 30%。① 一些新的作物品种通常来自美洲大陆，比如高粱、花生或白薯，它们的引进大大促进了人口增长。1400 年，明朝人口数量超过了 7 000 万，到了 1650 年，人口数量高达 1.5 亿，排名世界第一。② 劳动力的充足以及生产的低成本致使劳役让位于货币税款。白银首次给中国贸易经济的发展奠定了稳固的基础。从 15 世纪末开始，中国的白银主要来自日本，在西班牙攻占菲律宾（1571 年）之后，美洲大陆成了中国白银的主要来源地。

日本海盗时期

商业的蓬勃发展招来了海上强势群体觊觎的目光，他们长期参与中国和日本的海上掠夺，这种状况一直持

① 参见 Jacques Gernet, *Le Monde chinois*, II, pp. 168–170。

② Ibid., p. 172. 按照费正清（John King Fairbank）和默尔·戈德曼（Merle Goldman）的说法，人口数量在 8 000 万到 1.6 亿之间。1600 年，印度人口达到 1.25 亿，到了 1700 年左右，人口数量在 1.6 亿到 1.7 亿之间。

续到 17 世纪末才结束。随着宋朝经济的对外扩张以及 1274 年到 1281 年蒙古大军多次尝试攻占日本列岛之后，中国和邻国日本之间的往来逐渐密切。中国水稻种植技术传到日本之后，促进了日本人口的增长，1150 年日本人口数量为 700 万，到了 16 世纪末增至 1 200 万。[①] 征夷大将军足利统治时期，日本受到中国的广泛影响：日本通行中国货币，商业交通和海上掠夺中的大部分收入上交给朝廷，日本的杰出人物开始接纳部分中国习俗。[②] 这是日本礼仪中的一个关键点。从 15 世纪下半叶开始，日本人能够分辨出哪些习俗来自中国，哪些习俗源自日本本土，其中一些创新的习俗是与王朝统治格格不入的。[③]

14 世纪下半叶，日本海盗攻占了朝鲜海岸，他们又被称作倭寇，其中很多人原是朝鲜和中国渔夫，国家安定之后（1392 年），倭寇开始侵占由永乐帝和郑和共同开辟、连接东南亚和中国海域的首条贸易航线。[④] 公元 1450 年以后，海上掠夺得以平息，当时的日本战乱

① 参见 Jean Esmein, François Macé, Hiroyuki Ninomiya, Pierre Souyri, *Histoire du Japon*, pp. 131, 132, 225, 307。

② Ibid., p. 240.

③ Ibid., pp. 268, 269.

④ Ibid., pp. 222–224. 同时参见 Jacques Gernet, *Le Monde chinois*, II, p. 143；John King Fairbank et Merle Goldman, *Histoire de la Chine*, p. 212。

不断、动荡不安，王权之争耗尽了其全部力量，无暇他顾。货币经济的不平等分配，引发了社会动乱，各方势力倾尽全力，争夺早已取代皇权的幕府。[①] 日本封建领主（大名）废除赋税世袭制度，征收土地税。到了 16 世纪，他们又提高税额，目的是补贴部分军费开支。[②] 1467 年到 1477 年，日本爆发内战，日本国都京都被摧毁，失去了中央职能，一个多世纪之后才得以恢复。[③]

国家的分崩瓦解让人联想起 11 世纪到 13 世纪欧洲封建领主的胜利。和欧洲一样，当时的日本群岛高度军事化，和历届王朝的治国方略完全相悖。1467 年到 1477 年的内战期间，每个军营里都招募了 10 万到 15 万名士兵。大名、城市（尤其是京都）、村组和佛教宗派，都有自己的民兵武士，主要服务于大氏族。[④] 16 世纪初，在京都的乡村爆发了佛教宗派一向宗（Ikkô）的武装运动。1532 年他们打败当地大名，农民兵获得政权。1550 年，当时的日本中部被分割成 12 个公国。[⑤] 1543 年，日本先于中国在战争中使用葡萄牙火枪。[⑥] 最终，织田

① 参见 Jean Esmein, François Macé, Hiroyuki Ninomiya, Pierre Souyri, *Histoire du Japon*, pp. 252–255。

② Ibid., pp. 220, 271, 272.

③ Ibid., p. 260.

④ Ibid., pp. 260, 274, 278.

⑤ Ibid., pp. 279–285.

⑥ Ibid., p. 272. 同时参见 Jacques Gernet, *Le Monde chinois*, II, p. 191。

信长（1534—1582 年）通过消灭一向宗实现了日本的统一。织田信长死后，他的部下丰臣秀吉（1537—1598 年）于 1583 年在被一向宗统治了 50 年的大阪修建了自己的府邸，并且往自己的军队里输送大批的战俘。[①]

1590 年，国家统治者丰臣秀吉掌管的军队里有 25 万名忠心耿耿的士兵，就算是有着 1.4 亿定居人口的中国，也不一定能在与丰臣秀吉的对抗中获得胜利。[②] 可是，他采取了相互对立的治国政策：一方面，越过中国攻打朝鲜，航行路线是公元 1520 年后日本战争中领主们重新规划过的海上掠夺线路；另一方面，乡村中的农民和武士被解除武装，原因是丰臣秀吉害怕重蹈覆辙，再次出现像一向宗那样的农民起义运动。[③] 总而言之，丰臣秀吉打算用一种力量来建立两种形态：武装日本，脱离中国，摆脱大明王朝的统治；同时，通过解除国民武装的方式重建日本。他在第一次尝试的时候就遭遇了失败，当然，不是因为中国人的英勇抵挡，而是遭到了朝鲜人和满族人的奋力反抗。自 16 世纪末起，朝鲜人

① 参见 Jacques Gernet, *Le Monde chinois*, II, pp. 299–305。

② 我们知道，在 15 世纪，总数不超过 1 万人的马穆鲁克骑兵统治着人口数量多达六七百万的埃及和叙利亚。我们再看，印度莫卧儿王朝和英国军队的士兵总数都没有超过他们侵占的国家的人口的千分之一。

③ 参见 Jean Esmein, François Macé, Hiroyuki Ninomiya, Pierre Souyri, *Histoire du Japon*, p. 307；同时参见 Jacques Gernet, *Le Monde chinois*, II, pp. 136, 162–166。

和满族人一直都是中华民族阿萨比亚的中坚力量。[1] 相反，在日本，丰臣秀吉死后（1598 年），他的继任者德川家康（公元 1600 年以后）成功解除了国民武装，脱离了当时中国大明王朝的视线，使得日本成为一个独立的国家。[2]

① 参见 Jacques Gernet, *Le Monde chinois*, p. 174。16 世纪末居住在中国的耶稣会神父利玛窦（Matteo Ricci）说，当时中国的军队被认为是社会的渣滓。

② 参见 Jean Esmein, François Macé, Hiroyuki Ninomiya, Pierre Souyri, *Histoire du Japon*, p. 314。

第 五 章

帝国治下的印度、中国和英国

（1500—1800 年）

帖木儿帝国及其后代的失败很可能是伊斯兰教发展历史出现重大下滑的必然后果：从中亚绵延至伊拉克的伊斯兰帝国的中心，也是中东历史的中心，遭到了毁灭。我们很难衡量世界上最古老的这块居民定居生活的土地——新石器革命的发源地和人类历史文化最早的摇篮——的衰退，对于其承载的悠久的帝国究竟有多么重大的影响。无论如何，非常明确的是，12 世纪至 15 世纪帝国巅峰时期，各帝国，无论塞尔柱帝国、蒙古帝国，还是帖木儿王朝，对人类历史上最古老的居民定居地区的缓慢的衰退过程更多起的是加速作用。国家能够通过税收和城市的聚集来汇集、调动和促进一些新兴力量，这些新兴力量在定居生活的大河流域中不断积聚。

相反，当人口和财富减少时，政治机构难以缩减的开支（尤其是其士兵和税收管理部门的薪水）压垮了一直都十分脆弱的农耕经济。分裂便成为帝国残存的生产群体的生存状态。

15世纪后半叶的伊朗和中亚发生的情况恰恰就是这样。那儿没有一个王朝能够取代衰落的帖木儿帝国的位置。公元1499年后，在什叶派教义的热情鼓动下，突厥部落在阿塞拜疆（Azerbaidjan）举行了一次大规模暴动，萨法维王朝由此在伊朗诞生，它为了自己的利益曾经有一度就要重新统一中亚和土耳其之间原塞尔柱帝国的广袤地域。但是在最初取得惊人的胜利之后，建立帝国的雄心在中亚地区乌孜别克族人的抵抗（1512年）和土耳其地区奥斯曼人的反击（1514年）下破灭了。虽然萨法维王朝的文化繁荣一时，而且一直统治伊朗到1722年，但它统治的区域其实十分空洞，只是一些孤零零的绿洲，被反叛的突厥部落包围着。

生产大众在别处，在帝国的西方和东方。在西方，从10世纪末开始，法蒂玛王朝在埃及巩固了帝国的第二中心，这个中心同美索不达米亚一样是历史上最古老的有人定居的流域。开罗从13世纪开始超过巴格达，1500年，它是伊斯兰世界最大的城市。奥斯曼人在1453年攻占了君士坦丁堡，并因此攀升，成为伊斯兰世界一股强大的势力；但是直到1517年奥斯曼人征服开罗才突显出他们的帝国抱负。奥斯曼帝国在鼎盛时期（1550—1700年）统一了罗马帝国三分之二的领域，几乎相当于查士丁尼的拜占庭帝国（527—565年）——不包括意大利本土，而包括伊拉克。但是时代发生了巨变。虽然这片广袤的地域比中欧和西欧更为辽阔，但其人口密度只有中欧和西欧的三分之一。奥斯曼帝国的侵略性甚至揭示出了它具有的部落特征，这一特征几乎完全被其首都定居生活的繁荣掩盖。还有，在查士丁尼时期，旧有的罗马帝国的人口和税收大部分仍然集中在地中海东部地区。16世纪时，地中海地区的人口和经济重心转移到了欧洲。奥斯曼帝国未能避免中东的衰落。

印度的军事根基：阿富汗人、突厥人、伊朗人、拉杰普特人

相反，正是在东方的印度构筑起了最接近于伊斯兰帝国传统的政治形式。印度在15世纪中叶之前属于帝国统治规划的边缘地带，而随着中东的衰落，印度由此成为帝国统治的中心。1398年帖木儿对德里的袭击以及对这个城市的破坏实际上摧毁了印度的苏丹统治。独立的封地（大部分属于穆斯林）开始出现在印度的北

部，从孟加拉（Bengale）到古吉拉特（Gujarat）。在南部，印度维贾亚纳加尔王国建立于1336年，并在15世纪中叶达到顶峰。在德里，建立帝国的雄心随着洛迪王朝（1451—1526年）的建立重新实现。[1]洛迪王朝稳固地建立在一支阿富汗人的［或普什图人的（pashtoune）］阿萨比亚的根基之上（该王朝在成功地集结起这支阿萨比亚后还壮大了阿萨比亚的队伍）。恒河流域和比哈尔（Bihar）被收复（1475—1500年），而且阿富汗人在那里固守着许多重要的阵地。1494年，西坎达尔·洛迪（Sikandar Lodi），洛迪王朝最杰出的君主，建都于阿格拉（Agra），离阿富汗人推进的前线非常近。[2]最顽强的抵抗来自洛迪王朝领域西南部信奉印度教的拉杰普特人（Rajpoutes）。1450年到1550年，他们的阿萨比亚似乎是唯一能够与阿富汗人的阿萨比亚相抗衡的力量。[3]

16世纪初，莫卧儿王朝的胜利突然阻断了洛迪王朝的发展。巴布尔（Babur），一个被乌孜别克人从河中地区赶出来的帖木儿的后裔，逃到喀布尔（Kaboul）避难。喀布尔是帖木儿后裔持有的最后几块地盘之一。一个觊觎洛迪家族王位的人向巴布尔寻求帮助，巴布尔便组建

① Claude Markovits(dir.), *Histoire de l'Inde modern 1480–1950*, Paris, Fayard, 1994, p. 46.

② Ibid., pp. 47–49.

③ Ibid., pp. 69–71, 92.

了一支很可能是由突厥人和阿富汗人组成的军队。1526年，在德里附近的帕尼帕特（Panipat），这支军队战胜了易卜拉欣·洛迪（Ibrahim Lodi）苏丹。

然而，随后发生的事情似乎很好地证明了巴布尔的阿萨比亚仍然主要由阿富汗人组成。[①] 当这位征服者在1530年去世的时候，他的儿子胡马雍（Humayun，1530—1556年在位）在1538—1540年间被比哈尔的一位阿富汗首领舍尔沙阿（Sher Shah）打败。[②] 舍尔沙阿死后（死于1545年），胡马雍得以东山再起，凭的是波斯萨法维王朝的支持，以及后来1553年对喀布尔的收复（收复喀布尔意味着可以获得阿富汗战士的资源）。[③] 胡马雍的儿子阿克巴（Akbar，1556—1605年在位）通过安排乌孜别克人来守卫边疆，尤其是通过让信奉印度教的拉杰普特人归顺自己（1561—1570年），平衡了军队中阿富汗人和突厥－波斯人（Turco-Persans）的比例，虽然这些信奉印度教的拉杰普特战士在一支主要由突厥人、波斯人和阿富汗人组成的军队中占的比例看起来从未超过五

① Claude Markovits(dir.), *Histoire de l'Inde modern 1480–1950*, p. 85，巴布尔娶了一个阿富汗女人。

② Ibid., p. 89，舍尔沙阿拥有部分拉杰普特人的血统。西坎达尔·洛迪让他的家族定居在比哈尔。

③ Ibid., pp. 85–88.

分之一。[①] 不过，用伊本·赫勒敦的术语说，这些拉杰普特人依然让阿克巴及其后代的权力根基"着上新的色彩"，产生了细微的变化，直到 17 世纪中叶后这种混合的权力根基的政治力量被耗尽为止。

阿克巴正是凭借着拉杰普特人强有力的支持才重新实现了印度北部的统一。在征服拉贾斯坦邦（Rajasthan）或者说拉贾斯坦邦归附（1561—1570 年）之后，他兼并了古吉拉特（1572—1574 年），之后又合并了比哈尔和孟加拉［孟加拉 200 多年（1574—1576 年）来一直保持独立］以及奥里萨（Orissa，1592 年）。比哈尔和孟加拉爆发了一场声势浩大的暴动（1580—1582 年），曾经支持洛迪王朝的阿富汗人大概在其中起到了主要的作用。[②] 这次暴动导致首都被迁至拉合尔，也造成王朝的统治在下列地区得到了深化：印度西北部、克什米尔地区（1586 年）、今天巴基斯坦地区的信德（Sind）和俾路支（Baloutchistan）、坎大哈（Kandahar），以及靠近好

① Claude Markovits(dir.), *Histoire de l'Inde modern 1480–1950*, p. 113. 舍尔沙阿曾经尝试过让拉杰普特人加入他奠基的王朝的阿萨比亚之中，但是没有成功（p. 90）。

② 在孟加拉，1707—1715 年，莫卧儿帝国分裂的时候，存在时间不长的赛义德（Sayyids）王朝（发源于印度）依靠的是一支普什图军队（阿富汗人）。参见 Claude Markovits(dir.), *Histoire de l'Inde moderne*, op. cit., pp. 232–234。虽然有这支军队的支撑，但是赛义德王朝就像大多数印度统治政权一样只存在了七年，因突厥 - 伊朗贵族的报复（突厥 - 伊朗贵族在 1720 年夺得了权力）而灭亡（Ibid., pp. 208–210）。

战部落的边境地区（这些边境地区是帝国必不可少的）的阿富汗地区（1594—1600 年）。[3] 阿克巴的儿子贾汉吉尔（Jahangir，1605—1628 年在位）继续在拉合尔进行统治。帝国达到了成熟期，不再进行对外扩张。

这种让步几乎即刻就开始了，准确地说是在西北部的边境上开始的。在那儿，莫卧儿人同往常一样在迎战部落暴力的同时又煽动部落的暴力。他们的敌人或对手就在这里，就是在阿拔斯汗（Shah Abbas）统治下的处于鼎盛期的波斯萨法维王朝（1588—1629 年），以及河中地区乌孜别克人的埃米尔国。比起莫卧儿帝国，这两个政治形态在很大程度上更为接近它们的部落起源，而且它们很快便做出了防备莫卧儿的姿态。1622 年，波斯人夺取了坎大哈；1638 年，莫卧儿人又夺回了坎大哈；而后 1648 年在一场与乌孜别克人的灾难性战争（1646—1648 年）中再次失去了坎大哈。[4] 这次战败的后果很严重，这不是因为帝国失去了边境的一个地区（该地区规模中等，收益一般），而是因为帝国失去了突厥和阿富

③ Claude Markovits(dir.), *Histoire de l'Inde moderne*, op. cit., pp.110–111. 在 1571 年，阿克巴建都于法泰赫普尔西克里（Fatehpur Sikri），在一个圣人的陵墓附近，并且在那儿阿克巴表现出了令人惊叹的奢华。因此，迁都拉合尔（1580—1582 年）更令人诧异，也更具有重大含义。

④ Ibid., pp.117, 123.

汗战士主要的储备。[①] 沙贾汗（Shah Jahan，1628—1658年在位）在1630年迁都阿格拉，这一举动表明边境地区并不安全，而且皇帝放弃了对边境部落的征服，也放弃了对边境部落暴力的利用。[②] 从1635年开始，奥朗则布（Awrangzeb），沙贾汗的幼子，是莫卧儿王朝南部的德干领地非常年轻的总督。他带领王朝征服了戈尔康达（Golconde）和比贾普尔（Bijapur）的埃米尔国，在那儿找到了新的财政来源，而更重要的是他还找到了一些部落军队，这些部落军队能够用自己的阿萨比亚代替衰弱的突厥人和阿富汗人的阿萨比亚。生活在德干领地的马拉特人（Marathes），一支不断发展壮大的阿萨比亚在1635—1636年第一次击败莫卧儿人。[③]

过了20年，帝国在西北部战败后，奥朗则布重新获得了对德干领地的指挥权，并且在那里找到了一些资源（1657—1659年），使得自己能够在阿格拉建立权威，削弱其父兄的势力。奥朗则布最主要的支持者之一，波斯人米尔·朱姆拉（Mir Jumla），让戈尔康达埃米尔国的

① 此外，在贾汉吉尔统治下锡克人发动了第一次暴动（在旁遮普）。Ibid., p. 114.

② Claude Markovits(dir.), *Histoire de l'Inde moderne*, op. cit., p. 121. 另外，当时的饥荒确实给西部的行省造成了很大的破坏。

③ Ibid., pp. 121-122. 马拉特人的名字在马哈拉施特拉（Maharastra）继续存在，马哈拉施特拉是现在的孟买（Bombay/Mumbaï）。在莫卧儿人第一次迎战马拉特人（莫卧儿未来的阿萨比亚）的同时（1635年），莫卧儿人在1631年到1635年间歼灭了古老而弱小的拉杰普特人的阿萨比亚的最后一次暴动。

军队为奥朗则布服务，这支好几千人的军队背后有欧洲的炮兵作为支援。这是印度帝国组建阿萨比亚时第一次引进欧洲的军事力量（1655—1658 年）。[1]

奥朗则布在漫长的统治时期（1658—1707 年），有很大一部分时间都忙于尝试为王朝构筑（但并没有取得决定性的胜利）新的军事阿萨比亚，构建这支新的阿萨比亚主要通过促使反叛的马拉特人归附王朝。随着拉贾斯坦直接被帝国兼并，以及拉杰普特人开始压制臣民进行可耻的征税，拉杰普特人确实退出了历史舞台的中央。[2] 皇帝居住在奥朗加巴德（Awrangabad，位于德干领地上），在帝国潜在的军事资源附近。戈尔康达和比贾普尔的埃米尔国被直接兼并（1686—1689 年）后，这些地区的人就获准可以应征入伍，成为成功将奥朗则布引向皇权的阿萨比亚的一员。从 1670 年开始，帝国成功地让马拉特人的首领希瓦吉（Shivaji）归顺自己。而希瓦吉是公认的印度教捍卫者，他带领的军队曾经袭击蹂躏过莫卧儿王朝的土地，但是叛乱很快又出现了。[3]

① Claude Markovits(dir.), *Histoire de l'Inde moderne*, op. cit., pp. 124, 178，关于米尔·朱姆拉以及他与欧洲的关系。

② Ibid., p. 128. 1678—1681 年激烈的暴乱迫使国家推迟了一些时间才对臣民进行压制。

③ Ibid., p. 150. 马拉特人进行的一些规模较大的袭击（公元 1650 年之后）通常都以位于古吉拉特的苏拉特（Surat）港口为目标。

1689年，希瓦吉的儿子（在1680年继承王位成为马拉特战士的首领）阵亡，这开启了大规模招募战败的莫卧儿士兵之路（1690—1710年）。但是，这支作为雇佣兵的印度阿萨比亚并不坚定；而根据伊本·赫勒敦给出的关于王朝末年军事开支过大而不堪重负的确切描述，这支阿萨比亚会导致国家的覆灭。国家的预算（其中90%用于军队）在17世纪（1600—1710年）增长了150%，而这一时期国家的领土几乎没有扩大，人口的增长大概也没有超过30%到35%。[①]

几乎是在皇帝刚去世（1707年）帝国就开始分裂了（在1710年到1725年间）；和以往一样，帝国按照阿萨比亚成员分属的不同支系进行分裂：马拉特人、拉杰普特人、突厥人、来自孟加拉或德干领地的阿富汗人或波斯人摆脱了德里的控制；每一个派别都宣称自己占据了霸权地位，反对其他人声称的领导权。没有一支阿萨比亚具备树立权威的能力，甚至马拉特人（在一个穆斯林主导的世界中受限于印度教）的阿萨比亚也不具备。[②]

① Claude Markovits(dir.), *Histoire de l'Inde moderne*, op. cit., p. 146. 人口大概从1.25亿人增长到了1.7亿人。

② Ibid., pp. 208–232. 从1707—1709年的贾特人（Jat），到1710年后的马拉特人，再到1714年的孟加拉和阿瓦德（Oudh），以及从德干到海得拉巴（Hyderabad，1724年）的伊斯兰政权中心，一个接一个相继独立。还需要加上在旁遮普（1710—1716年，之后1736年）的锡克人，以及1739年后，纳迪尔沙（Nadir Shah）和艾哈迈德沙（Ahmad Shah Durrani）进行的突厥－阿富汗人袭击。

阿克巴与奥朗则布的对比

我们刚刚概括出的历史是按照帝国的逻辑来讲述的，在这段帝国史里，在所有的争论之中，涉及伊斯兰教统治时代（特别是涉及莫卧儿王朝）的文献记载中的关于历史时期的划分普遍存在分歧，而对印度人在这方面的分歧程度做个简单的概述并不是没有意义的。

粗略概括一下现代政治争论中的主要论题，问题集中于奥朗则布的形象被描述成“狂热的穆斯林”，而且正是这个原因，他在巴基斯坦获得了在印度不被承认的一种“光环”。相反，由于公元前3世纪孔雀王朝按佛教原则进行统治，奥朗则布的曾祖父阿克巴成为当代的阿育王，是印度人民和国大党推崇的“开明”而又“宽容”的英雄，常常作为形象代表来庆祝国家的多元、民族的融合和历史的交汇，就像现在的印度一样。阿克巴不正是娶了一个拉杰普特的公主（从1561年起，在阿克巴统治初期），从而促成了侵略者和被侵略者、穆斯林和印度教徒的和解吗？为了确保这种和解，1579年，阿克巴不正是颁布了一项“总公约”（sulh-ikull），免除了印度教徒缴给吉玛人的（dhimmis，吉玛人是指在伊斯兰教统治下得到宽恕的非穆斯林）特殊税“吉兹亚”（jizya）吗？恰好一个世纪以后，在1679年，奥朗则布恢复了吉兹亚。

我们可以清楚地看到：阿克巴应该是印度人，他专注于消除印度穆斯林和印度教徒之间的不平等；相反，奥朗则布或许想填平统治者和被统治者、穆斯林和印度教徒之间的宗教鸿沟；像 1947 年为了建立巴基斯坦离开了印度的穆斯林一样，奥朗则布也会离开印度。

因此，所有的争论围绕着穆斯林征服者的同化过程，穆斯林和印度教徒的融合或者说和谐的混居展开。谁接纳了印度，谁就获得了好处，遭到指责的是不走进印度的人——或者更确切地说，那些只以征服者的身份走进印度的人，他们来到印度是为了强征贡金和推行自己的价值观。不过，尽管莫卧儿王朝有好几个王子对印度的古典文学有着怎样无可争辩的兴趣[①]，历史的裁判几乎没有留下可供怀疑的空间：在莫卧儿王朝治下的印度，就像苏丹治下的德里，权力原本就属于那些天生为异国人的人。[②] 就像伊比利亚人殖民下的美洲，好处总

① 指阿克巴自己，不过，很可能是奥朗则布的一个兄弟达拉什科（Dara Shikoh，他在继承王位的战争中被打败，被奥朗则布杀死）。达拉什科让人把产生于公元前五六世纪的梵文诗歌《奥义书》（*Les Upanishad*）译成帝国的语言，即波斯语。

② 弗朗索瓦·贝尔尼埃（François Bernier）的回忆录非常值得一读，他是法国人，是达拉什科的医生，之后他又做了奥朗则布的医生：蒙古人“将他们的名字传给现在统治着兴都斯坦（Hindoustan，印度教徒或者印度国家）的异国人，尽管这些身居高位的继任者（甚至进入军队的异国人）并不都具有蒙古人的血统。但是不管是异国人还是从各地聚集到一起的人们，大部分是波斯人，有一些是阿拉伯人，其他的是突厥人；因为被看作蒙古人只需要是异国（转下页）

是给那些吹嘘自己来自别处的人，以及那些夸耀自己是新近才离开大都市的人。在印度，“大都市”就是指伊朗、中亚、喀布尔或者坎大哈地区。[①] 在 14 世纪中叶，伊本・白图泰在苏丹统治的德里长时间地停留就已经可以用这种普遍规律来解释：出生在别处的穆斯林优于本地穆斯林，更不用说出生在别处的穆斯林优于印度教徒了，这种种族的优越性很自然，地理学家和旅行家的文章里完全浸透着这种优越性。

我之所以曾在某些段落中提到伊比利亚人殖民下的美洲，是因为这个在印度盛行近 500 年的规律充分展现了它的历史。读者确实会承认帝国的普遍规律，即区分生产的职能（印度人负责）和作战的职能、施行主权的职能（突厥人、波斯人和阿富汗人负责），以及失去作战的职能和施行主权的职能。我们已经看到，自中国或

（接上页）人，面色白皙，并且是穆斯林，这样就与面色浅黑而且和善的印度教徒区分开来，也与欧洲的基督教徒（被称为 Franguis）有所不同（是我们这样强调的）”。Frédéric Tinguely (éd.), *Un libertin dans l'Inde moghole: les voyages de François Bernier (1656–1669)*, Paris, Chandeigne, 2008, pp. 44–45. 同样的定义，白种人、穆斯林、异国人（对印度来说）在书中出现了好几次，即在第 79 页：“蒙古人，也就是白种人、穆斯林、异国人，就像波斯人、突厥人、阿拉伯人，以及乌孜别克人。”

① Claude Markovits (dir.), *Histoire de l'Inde moderne*, op. cit., p. 138：“最近的移民有优先权，而且他们都是穆斯林：中亚的突厥人被集体称为都兰人（Touraniens）……列第二位的是祖先来自印度的达官贵人，他们是印度教徒或者穆斯林（信仰伊斯兰教的印度人不如最近来的移民受重视）。”

罗马古典时期结束以来，掌握帝国政权的人对于帝国大多数人来说都是异国人。在现代国家的建立过程中领土范围之内的人们变得相互熟悉，如今的民主社会认为国界之内有身份认同和独特性：国家代表着一个地域和一方人民。相反，帝国的国家机构从本质上对人民而言就是陌生的。不是伊斯兰教而是帝国创造了莫卧儿王朝的独特性。不是伊斯兰教而是战争开辟了通往主权的道路。印度教徒通过服兵役获得了国家机构给予的好处。相反，大多数穆斯林，尤其是皈依伊斯兰教的印度裔教徒，作为臣民仍然被迫处于定居大众的地位。

就这样，因为颁布了“大宽容”敕令，即“总公约”，免除印度教徒缴纳吉兹亚这种侮辱性的贡税的义务，阿克巴就成了大多数乌理玛（oulémas）[①] 穆斯林的敌人，这些穆斯林都是印度裔的。[②] 确实，阿克巴让信奉印度教的拉杰普特人进入国家机构，损害了比哈尔和孟加拉的阿富汗人的利益。但是基于有力的证据，我们注意

① 乌理玛，伊斯兰国家有名望的神学家和教法学家的统称，相当于犹太人的祭司、基督教的神父，不过比后二者更有特权。——校译者注

② Claude Markovits(dir.), *Histoire de l'Inde moderne*, op. cit., p. 107. 相当合乎逻辑，这些代表着绝大多数臣民（与国家机构的状况不同）的印度裔穆斯林通过了解伊斯兰教中的相关教义来捍卫自己独有的特权，这项特权使他们与信仰印度教的臣民区分开来。而相反，阿克巴为了帝国可以毫无遗憾地抹去这些标志，因为帝国建立在其他基础之上，通过区分战士和顺民，甚至通过白皮肤的人反对黑皮肤的人。

到，在权力圈子里的印度人的数量，印度教徒或者穆斯林，在阿克巴时代比在奥朗则布时代少得多，而奥朗则布时代被认为是更不赞同同印度教徒混血的。[①] 再加上，奥朗则布为了让信仰印度教的马拉特人的阿萨比亚重新归附做出了固执甚至绝望的努力，这些努力在阿克巴统治下并不是没有先例的。

但是，不管在哪一种情况下，在谈论印度化、政体的同化过程或者和当地人和解的时候，我们都搞错了。拉杰普特人和马拉特人被煽动正是为了给我们不信任的阿萨比亚（对于阿克巴而言，是阿富汗人或者乌孜别克人），或者给我们缺少的阿萨比亚（奥朗则布时期同样是阿富汗人或乌孜别克人），加上一种不同的色彩或增添新的颜色。这些尚武又信仰印度教的种族被征召回到政权中枢，不是因为他们是当地人，而是因为他们对于异国人占据的统治阶层来说是异国人——突厥人、阿富汗人或者波斯人。政权自然更迭的循环中他们种族和宗教的双重疏离让他们与惯常的臣民之间有一段差距，从本义上来说这种差距是一种异化；而这种异化尤其会促使他们为帝国、为君王服务。阿克巴统治下的葡萄牙人，以及阿克巴继任者统治下的英国人和荷兰人受到同

① Claude Markovits(dir.), *Histoire de l'Inde moderne*, op. cit., p. 132. 在这些阿克巴统治下为王子服务的印度人之中，印度教徒（尤其是拉杰普特人）比穆斯林更多。

样的限制，拥有同样的优势，也扮演了同样的角色。由此我们自然会支持这样的结论：依靠着乌理玛印度人和德干战士或马拉特战士的奥朗则布，在文化上适应印度次大陆的程度，比他的先辈阿克巴要高得多。[①] 但是正是同样的原因，创造了帝国的臣民之间的差距变小了，而且国家变弱了。在阿克巴和奥朗则布之间，莫卧儿王朝的统治不可避免地重蹈了帝国解除武装的覆辙，他们军事上的无能也越来越明显。阿克巴施行安抚政策是因为他的军力强大，而奥朗则布施行暴力镇压是因为他不再拥有强大的军队。

莫卧儿帝国：财富的流通

到 13 世纪末时，印度的人口第一次赶上了当时因遭蒙古入侵而被削弱的中国人口。[②] 这两个次大陆国家随后

① Claude Markovits(dir.), *Histoire de l'Inde moderne*, op. cit., p. 32, 41–42. 他作为伊斯兰教逊尼派信仰的教义甚至使他和印度的穆斯林关系更为亲近，而异国的贵族经常是什叶派，尤其是在德干领地上。1481 年后，德干的巴赫曼尼（bahmanide）埃米尔国分裂的时候，一场暴力冲突在当地皈依伊斯兰教的逊尼派德干人（Deccanis）和突厥 – 波斯裔的什叶派贵族之间爆发，后者得胜。

② 在公元元年左右仍像公元 1000 年时一样，印度大概有 4 000 万居民，而中国有六七千万居民。接近公元 1200 年时的宋朝，中国的居民大概达到了 1.2 亿人，而同一时期印度有 7 500 万人。但是蒙古的入侵及其导致中国的倒退让中国几乎回到与印度同一水平。

呈现出相似的人口曲线，而 1300—1700 年间印度人口还稍稍胜过中国：1300 年前后大概有 1 亿人，接近 1500 年时在鼠疫造成的伤亡得到弥补之后再次达到这一水平；1600 年时有 1.25 亿人，1700 年时有 1.7 亿人。印度在 17 世纪处于鼎盛时期，尽管该世纪上半叶西北部省份发生了一些骚乱——1616—1624 年间出现鼠疫，以及 1630—1631 年间出现饥荒——长期压制古吉拉特的经济发展。[①] 相反，18 世纪时印度比中国（或者比欧洲）要逊色许多。印度人口增长差不多达到 10%，然而在中国的清朝人口数量翻了一番。从那时起，中国在人口数量上重新占得优势，直至今日依然如此。[②]

因此，印度在人口数量上占有相对优势的时代差不多与伊斯兰帝国，即德里的苏丹和莫卧儿王朝时期相一致。我们已经说过，印度人口的迅猛发展开始于公元第一千纪（甚至有可能开始于公元第一千纪之前伊斯兰教在这里尚未出现的时候）。也许我们不能将印度人口的下降归咎于伊斯兰教，但将印度人口最初的飞跃增长归

① Claude Markovits(dir.), *Histoire de l'Inde moderne*, op. cit., pp. 117–118, 149. 在公元 1630 年以后，古吉拉特邦相对地衰落了，孟加拉从中得益；而到此地的葡萄牙人也相对地没落了，新来的英格兰人从中得益。

② 在 1300 年，中国大概有 7 000 万居民，印度有 1 亿；在 1500 年，中国有 1 亿人，而在 1600 年，中国有 1.2 亿人，几乎与印度完全一致，而在 1700 年时，印度人口数量稍稍超过中国（1.7 亿相比于 1.5 亿）。

功于伊斯兰教或许同样不能令人信服。相反，我们可以认为，伊斯兰教（尤其是莫卧儿帝国）在兴盛时期——有时也在困难时期——总体上将帝国形态带到了印度：征税带来的资源流通，城市化，职业的专业化，特供给精英的生产奢侈品的出现，职业化军队的出现，经济导致的货币化加强，等等。

一般认为，莫卧儿王朝的税收十分沉重，至少在定期纳税的印度北部定居化的省份确是如此。从 1600 年开始，帝国对次大陆大约三分之二的居民直接行使权力——将近 1.2 亿人中的 8 000 万人。[①] 课税率达到了收成收益的 30% 到 50%。[②] 当然我们也应该加上关税收入；关税是帝国税收制度的一部分，特别是从 16 世纪末开始，欧洲的商人实际上促进了关税的征收而大受欢迎。[③] “伟大的莫卧儿王朝吞吃一切。”正处于同一时期的意大利人萨塞蒂（Sassetti）观察后说道。[④] 对于那些来自帝国之外的人和那些未能适应帝国生活的人来说，莫卧儿王朝的沉重税收是一种暴政，这种暴政意味着对纳

① Claude Markovits(dir.), *Histoire de l'Inde moderne*, op. cit., pp. 133–135.

② 不包括二次播种的部分（麦地里四五颗谷粒中有一颗）。这个课税率相当高，至少从理论上讲，和拜占庭帝国的课税率一致，而且看起来和阿拔斯帝国的课税率也一致。Ibid., pp. 34, 147.

③ Ibid., pp. 163–169.

④ Ibid., p. 148.

税者进行威吓，通过引发恐惧来征税。[①] 另外，我们已经看到，这种税收压力会随着军队力量的衰弱以及对雇佣兵的求援逐渐加大。[②] 莫卧儿王朝的税收机制或许是印度到那时施行过的税收机制中最为有效的一种。[③] 这种有效的税收机制为 19 世纪大不列颠的统治提供了一个有利的范式。

征税得来的收益集中于城市，集中于陆上和海上的贸易网络，集中于军事机构。而军事机构是促进赋税征收的主要力量。[④] 莫卧儿王朝强有力地推进了次大陆的城市化进程。德里和旧德里（Shahjahanabad）、拉合尔、法泰赫普尔西克里、阿格拉、巴特那（Patna）、勒克瑙（Lucknow）、奥朗加巴德，这几个都市在 15 世纪到 17 世纪间出现，它们凭借一个庞大的陆路交通网相互联系，尤其是拉合尔和巴特那之间的印度河和恒河流域，或者

① Claude Markovits(dir.), *Histoire de l'Inde moderne*, op. cit., p. 191. 贾汉吉尔和沙贾汗统治时期的一位乌孜别克族政要夸耀自己在 1620 年到 1640 年间杀死了 20 万名反抗纳税的农民，而且让另外 50 万名农民沦为奴隶。

② Ibid., pp. 138, 146. 回想一下，在 17 世纪期间税收翻了 2.5 倍，而人口只增长了大约 30% 到 35%。在 17 世纪的欧洲税收同样激增，但是开始时的税收水平无疑要低许多。

③ Éric Paul Meyer, *Une histoire de l'Inde*, op. cit., p. 190.

④ 这就是为什么我们不能像埃里克·保罗·梅耶（Éric Paul Meyer）那样提出这样的观点："莫卧儿王朝体现出一个从未能够掌控社会和文化动力让其为自己纳税的军事体制。"（*Une histoire de l'Inde*, op. cit., p. 157）相反，军事体制处于这种社会和文化动力的中心，至少处于经济动力的中心。

是在恒河流域和德干高原之间。欧洲的贸易鼓励了这种财富的聚集，尤其是因为欧洲在整个17世纪期间有贸易逆差。[①] 莫卧儿帝国的富足大概在王朝中期达到了顶峰，就如伊本·赫勒敦预见到的一样，即在贾汉吉尔和沙贾汗的统治期间，那时国家尚不需要把其所有的收入都用作必要的国防和维持生存上。德里的新区、阿格拉的泰姬陵和豪华的孔雀宝座（阿富汗的征服者纳迪尔沙1739年夺取了这个宝座以纪念他对莫卧儿王朝的胜利）表明了这一点。[②]

伊斯兰帝国和城市化之间的关系相当清楚。城市手工业者行会是人口中少有的、大部分在18世纪末之前就皈依了伊斯兰教的组织之一。[③] 从15世纪和16世纪开始，维贾亚纳加尔王国采用了伊斯兰帝国的模式，该王国是南方印度教的捍卫者，它通过各个寺庙组成的网络调动起领地的资产，以满足其首都以及花销巨大的军队的需要。[④] 但是这种集中资源的方法尤其需要印度教王国穆斯林的合作——比如与马比拉人（Mappila）的合

① Claude Markovits(dir.), *Histoire de l'Inde moderne*, op. cit., p. 171. 不过人们开始从欧洲进口镜子、挂毯，但是欧洲的商人也在印度进口中国茶和美洲白银轧制的西班牙硬币。

② Ibid., pp. 151–152, 155–157, 161–162.

③ Ibid., p. 154.

④ Ibid., pp. 55, 57，1529年一个葡萄牙人就此给出了令人钦佩的描述。关于寺庙的重要性，参见 Éric Paul Meyer, *Une histoire de l'Inde*, op. cit., p. 188。

作，他们是服务于毗奢耶那伽罗（Vijayanagar）王朝的这支信仰印度教的军队的马匹购买者。不过这种合作比在印度北部更加脆弱。毗奢耶那伽罗王朝在塔利科塔（Talikota）彻底战败（1565 年）三年之后，其首都未留下一丝痕迹，完全变成了农村的景象。在东部，帝国在 16 世纪末才统治的奥里萨邦没有城市，那里唯有的人口聚集的地方是奴隶市场。[①]

无论在北方还是在南方，无论在印度还是在中国，马匹是战争最昂贵的投资之一。莫卧儿王朝的军队在中亚通过交换非洲或印度的奴隶获得了他们的马匹。[②] 相反，与中国蒙古帝国的骑兵和埃及的马穆鲁克骑兵相较之后，印度的军力显得较为薄弱：莫卧儿帝国的军队在接近 1600 年时大约有 20 万人，而居民总人数有 8 000 万。[③] 阿瓦德苏丹国的军力是继 18 世纪中期马拉特人之后最强大的，而这支苏丹国军队中的士兵不超过 5 万人。更为有名也明显更加集中的是英国东印度公司的军队编制人数：1768 年，当英国东印度公司兼并了孟加拉

① Claude Markovits(dir.), *Histoire de l'Inde moderne*, op. cit., pp. 53, 60, 65. 关于伊斯兰教传入马来带来的影响，丹尼斯·伦巴第（Denis Lombard）和安东尼·瑞德（Anthony Reid）已经做出了类似的评论。很多特点或许在非洲伊斯兰教的历史中也可以找到。

② Ibid., p. 192.

③ Ibid., p. 145.

和比哈尔的时候，有2.5万人；1805年，在占领了迈索尔（Mysore）和战胜马拉特人之后，这时东印度公司的权威已经扩展到了整个次大陆，达到了15.5万人；印度土兵叛乱（1857年）时增加到了24万人。[①]

东印度公司，最后的伊斯兰帝国

从1725年起，莫卧儿帝国分裂，留下了帝国两支主要的阿萨比亚相互对峙：西部有马拉特人，他们经常劫掠恒河流域和孟加拉地区，而且1750年之后在德里合法地树立起权威；而阿富汗人，他们在1739年同波斯的国王纳迪尔沙一起劫掠了德里，并于1761年在帕尼帕特重创马拉特人，取得了决定性的胜利。在德干的海得拉巴，穆斯林质疑马拉特人的霸权；在印度北部，阿富汗人除了与马拉特人为敌，还与位于恒河中部流域阿瓦德的什叶派苏丹有冲突，也和旁遮普的锡克教徒不和。除了这些潜在的帝国阿萨比亚，还有法国和英国势力的介入，英国的尤为突出。

确实，印度不列颠帝国在一开始时就如同莫卧儿帝国的一个叛乱的苏丹国。在1757年到1764年，英国在

① Claude Markovits(dir.), *Histoire de l'Inde moderne*, op. cit., pp. 283, 297, 340.

普拉西（Plassey）战役和布克萨尔（Buxar）战役中取得的胜利，构成了印度不列颠帝国坚实的核心：孟加拉和比哈尔被兼并，打击了古老的阿富汗贵族势力，15世纪末以来这支贵族势力占据着统治地位。[①] 东印度公司为了自身的利益在孟加拉和比哈尔这些定居领地上征收例行的赋税，严苛程度令人生畏，而一支印度兵（*sepoy*）保卫和防护着这些领地，这支军队的士兵是从阿瓦德附近的苏丹国（在1764年英国人打败了该苏丹国后，该苏丹国就成了享有特权的盟国）招募来的。因此，按照最优秀的帝国传统，东印度公司的领域连接了直接从属的定居并纳税的地区（比哈尔及孟加拉）和军力所处的边境地区（即阿瓦德，在1775年到1857年将近一个世纪的时间里，阿瓦德的阿萨比亚服务于英国统治[②]）。苏丹国甘愿接受这样的角色，尤其是因为苏丹国这样能够从英国的扩张中分得一杯羹，而且它能够因此赢得一个掌握霸权的盟友来对抗马拉特人和阿富汗人，而阿瓦德

① Claude Markovits(dir.), *Histoire de l'Inde moderne*, op. cit., pp. 278–279. 阿富汗普什图人军队从1758年开始，普拉西战役之后就被解除了武装。

② 自1773年以来阿瓦德的首都一直是勒克瑙。18世纪末阿瓦德的领地随着莫卧儿帝国残损权威的消亡逐渐扩大，范围大致与如今的北方邦（Uttar Pradesh）相当。北方邦是现在印度人口最多的邦，参见Claude Markovits(dir.), *Histoire de l'Inde moderne*, op. cit., p. 301。正是在1775年时，苏丹军队的法国军官在英国的压力下被辞退，为英国军官取代。

曾经在 1748 年到 1760 年间同阿富汗人争夺德里。[1]

在德干，海得拉巴扮演着同样的角色，即作为享有特权的英国人的盟友抗击马拉特人，后来在公元 1780 年后抗击新兴的迈索尔（Mysor）政权。[2] 无论在哪种情况下，不管是勒克瑙还是海得拉巴，东印度公司选择以下的势力作为盟友：宣称自己忠于莫卧儿帝国的遗产，反对新兴势力，而且反对最凌厉的阿萨比亚，即马拉特人和阿富汗人，尤其是阿富汗人。在普拉西战役（1757 年）和布克萨尔战役（1764 年）中，英国取得的胜利完全制约了阿富汗人在帕尼帕特的势力（1761 年）。印度的霸权正是在这两股势力——英国人的势力和阿富汗人的势力——之间交替。

东印度公司进行的征服活动开始时就遇到了障碍：莫卧儿帝国的权威。莫卧儿帝国曾经确保国外贸易得到物质保障，而作为回报，帝国从欧洲的贸易活动中汇集财富，积累税收。东印度公司在普拉西战役中反对孟加拉的总督，因为这位总督抢劫了东印度公司在加尔各答的商行。但是，自从东印度公司决定给自己配备军事机构开始，东印度公司就再也无法避免施行帝国政治的思

① Claude Markovits(dir.), *Histoire de l'Inde moderne*, op. cit., pp. 229–232. 阿瓦德在 1748 年到 1753 年间占据着德里的霸权地位；苏丹国接受 1759 年来此避难的逃避马拉特人和阿富汗人的皇帝。

② Ibid., p. 306.

路。至于雇佣兵要求得到的酬金，东印度公司只能通过在定居领地（准确地说，这里的定居领地指的是孟加拉和比哈尔）上征税来保证，因而东印度公司担负起了一个国家的职能，但并不是没有表现出某种抵触情绪。[①]一个成为国家的商业机构采取这样的措施表面上看来有些奇怪，但这仅仅是为了在18世纪末的时候还能够依然保证税收的主要来源。真正的财富是国家享有的特权，以及能够声称占领国家的那些人享有的特权。[②]

18世纪末英国的统治与其他印度政权的统治的唯一不同，在于印度危机中这些经商的行政官员具有敏锐的洞察力。在1740年之后，饥荒和传染病确实越来越频繁地侵袭旁遮普、泰米尔（Tamoul）地区、德里和阿格拉（这两个地区遭到了阿富汗人的攻击），特别是孟加拉（1769—1770年一场严重的饥荒摧毁了它）、比哈尔和阿瓦德（1783—1784年发生了饥荒）以及德干领地（1790—1792发生了饥荒）。18世纪末，次大陆的人口呈

① Claude Markovits(dir.), *Histoire de l'Inde moderne*, op. cit., pp. 279–280，关于以下事实：东印度公司在孟加拉窃取税收收入，但第一时间就声称军事职能给了皇帝任命的总督。当然这纯属杜撰，从1758年起，孟加拉的军队实际上是东印度公司的军队。

② 出于招募雇佣兵的必要，这些享有特权的人还包括阿瓦德和海得拉巴的同盟。东印度公司跃居主要势力之列，地位与马拉特人、阿富汗人相当；东印度公司很快便将其政治利益的领域拓展到整个次大陆，这既是为了支持它的盟友，也是为了战胜或牵制敌人。

稳定状态，出生率基本上和死亡率持平。[1]人口停滞让“东方专制主义”的不称职政府担负起责任。而正是这种停滞引导了孟加拉和比哈尔的英国人达成了1793年著名的《永久居留法案》(Permanent Settlement)。该法案承认纳税的“柴明达尔”(Zamindars，印度地主) 享有永久的产业这一特权，因而纳税的柴明达尔实际上拥有被课税的土地的产业，同时又让他们为纳税的东印度公司承担责任。[2]这么做的目的是防止暂时的任职会促使土地持有者对被征税的领地进行掠夺。一个产业主被认为会通过照顾自己的群众，即自己的农民来顾及自己在领地内的利益。

《永久居留法案》是英国的统治区别于其他帝国的统治的第一个重大举措，这一举措也宣布了其他帝国的统治的结束。因为国家掌握全权（尤其是在税收方面的权力）是帝国的金科玉律。的确，没收权势者的财产的措施已经开始施行，而且往往是专制政权强制进行的。英国赋予印度私有财产权和保障，取代了印度之前的制度；而私有财产权和保障源自英国自己的历史。英国人用这种方式让印度跨入了现代社会——英国人的现代社会。

① Claude Markovits(dir.), *Histoire de l'Inde moderne*, op. cit., pp. 350–351, 365.

② Ibid., p. 359.

占领迈索尔（1799 年）和战胜马拉特人［事实上，马拉特人是 1770 年以来德里帝国的北部和中心的摄政者（1802—1804 年）］之后，英国对次大陆的统治霸权最终巩固下来。从 1805 年开始，面对尼泊尔（1814 年）和缅甸（1824—1826 年）东印度公司采取了防御的姿态。这个帝国的体系不可避免地因其阿萨比亚而快速地消耗着自己的实力。阿瓦德的印度兵在出征喀布尔（1839—1840 年）中严重受挫，而东印度公司决定凭借此次出征远离阿富汗人的危险。从那时起，就像一个半世纪之前的奥朗则布，东印度公司应当到别处去寻找新的兵力，以暂时应对阿瓦德士兵明显的缺点。[①] 1845—1849 年，第一次锡克战争（这些战争给予了东印度公司对旁遮普的控制权）牵连到的英国士兵比当地人多。但是胜利的大门特别为东印度公司敞开，而后向大不列颠帝国敞开，一支新的作战的阿萨比亚伴随着大不列颠帝国的统治一直维持到 1947 年。锡克人事实上于 18 世纪末在旁遮普打败了阿富汗人，并在旁遮普建立了印度最牢固的政权。旁遮普人（先是锡克人，后是穆斯林）将和尼泊尔的廓尔喀人（Gurkhas）一起成为罗阇（Raj）出色的武装力量。

① Claude Markovits(dir.), *Histoire de l'Inde moderne*, op. cit., pp. 315, 328–331. 从 1799 年合并旁遮普的锡克政权以来，英国人就促使锡克联盟反对阿富汗人。

从这种意义上说，1857年的印度土兵叛乱是伊本·赫勒敦认为的一个或一个多世纪出现一次的阿萨比亚后续事件之一。从1764年的布克萨尔战役到1857年的土兵叛乱，这段时期与阿瓦德的印度土兵同英国人结盟的时期大致吻合。1857年这些土兵不但害怕英国的涂有牛油或猪油的新子弹，而且害怕将来为了新的锡克军队或尼泊尔军队的利益而被解职，这种可能实际上威胁性大得多。[①] 由于旁遮普忠于新近统治它的英国，1858年土兵叛乱被镇压，其失败事实上导致了令人担忧的结果。

帝国文化分裂的平衡：清代的中国[②]

别忘了，如果说帝国的军事机构从定义上讲就来自异国，那么从一开始帝国就把这种暴力边缘化，因为这种从部族中迸发出的“自然”的暴力将国家平定天下的使命置于险地，而国家存在的理由就是通过税收来谋求繁荣发展，以及从臣服的定居者的生产劳动中获取利益。当17世纪下半叶国家抗击掠夺成性的马拉特战士时，或者当1739—1769年国家遭到阿富汗人对恒河流域的11次远征的野蛮侵袭时，这种对暴力的排斥直接得

① Claude Markovits(dir.), *Histoire de l'Inde moderne*, op. cit., p. 338.

② 原文为满族人统治下的帝国。——译者注

到了认可。[1] 当同样的暴力在国家的驯化下削弱，国家将其为己所用并纳入自己的阿萨比亚中时，这种排斥得到了升华：公元 1570 年后，拉杰普特人归附阿克巴即是如此，成为雇佣兵的马拉特人从 1690 年到 1750 年变成了帝国的捍卫者和执政者也是如此。但是，即使在那时，国家也少不了要暗中破坏保卫自己的力量，并自相矛盾地加速其衰落——而其被国家授予的骑士的意识形态机制完全不是国家用来压制的桎梏。国家能够拿来为己所用的只有那些放弃做蛮族的蛮族。

这恰恰是清朝时期的中国所违背的，或者更准确地说，满族人统治下的中国所违背的。这一 18 世纪出奇制胜地夺取了国家和政权的蛮族并没有放弃自己的民族特性，在语言和文化中都是如此。尽管他们后来成为中国文化的捍卫者，但他们并不具有中国文化的特性。

在 16 世纪末，衰落的大明帝国受到了两支主要的阿萨比亚的威胁：一支来自海上，即来自海盗和日本人（日本摄政丰臣秀吉在 1592 年到 1598 年间企图征服中国，这一次征服行动标志着日本的侵略性达到了极点）；另一支来自西部和北部的草原，由新兴势力满族人（是曾经于 12、13 世纪统治中国北方的女真人的姻亲）

① Claude Markovits (dir.), *Histoire de l'Inde moderne*, op. cit., p. 225.

集结而成，恰恰与16世纪末日本的迅猛发展相抗衡。[①] 朝鲜人和满族人成功地抵制了日本的征服行动。公元1600年后，满族人在中国的北方建立了一个新的权力中心，首都为奉天。就像每个朝代末年通常见到的情况一样，军事开支的增长（与之有关的是征募雇佣兵和军队——用事件的见证者、耶稣会神父利玛窦的话说是“社会的渣滓”——不合常情的衰弱）在中国激起了农民起义，并招致西部不臣属于明朝的各个部族（自1625年以来各自分立）的觊觎。[②] 当起义军在1644年攻下北京时，明朝的将领们求助于满族人，而朝鲜刚刚归顺于满族人（1638年），满族人很快便成为中国北方的主人（1644—1646年）。[③]

满族人顺利地向南推进，直到中国的中部。而从1648年开始，满族人在中国南方遭到了中日“海上”阿萨比亚的抵抗，这支阿萨比亚得到了明朝将领们召集的后备部队的支持。抵抗行动先是在福建（1650年后）坚守阵地，随后在台湾（1661年后）坚持战斗；而此次抵抗的核心人物郑成功是一个中日混血儿，通常以“国姓

① Jacques Gernet, *Le Monde chinois*, op. cit., II, pp. 174, 217. 从1589年开始明朝和满族人之间就形成了牢固的联盟。

② Ibid., II, pp. 174(关于利玛窦的评语), 176–177.

③ Ibid., II, p. 218; John King Fairbank et Merle Goldman, *Histoire de la Chine*, op. cit., pp. 219–220. 胜利者于1645年攻占北京时劫掠了北京城。

爷”的称号闻名。[1] 1674—1681 年，随着明朝一方进行反抗和被镇压，危机达到了顶峰，之后 1683 年台湾被攻陷。在明朝垮台近 40 年之后，满族人终于成为中国的统治者。[2]

这些满族统治者与汉人分隔开来，拒绝融入民众之中，但他们尊崇汉人文化，并接受他们治下的帝国称他们为“未开化”[3] 民族的官方说法。从 1668 年开始，清朝禁止汉人进入满族人的领地，并禁止满族人和汉人通婚。[4] 尽管科举考试——进入政府部门任职的敲门砖和要求最高的中国文化的试金石——在 1656 年得到了恢复，满语被严格地保护起来。[5] 在中华帝国文化和统治中国的少数民族文化之间的紧张状态最惊人的例子，可能就是对从古代源头开始的全部中国文学整体的编纂工

① Jacques Gernet, *Le Monde chinois*, op. cit., II, p. 166.

② Ibid., II, pp. 222–226.

③ Ibid., II, pp. 257–259. 因此，伟大的历史学家王夫之（1619—1692 年）的著作（发表于满族人统治最初的几十年中）公开地用中国的文明反对满族人的未开化状态，而且指明国家最主要的任务是保护中国的文明不受蛮族破坏，虽然国家是由蛮族统治的。

④ Ibid., II, pp. 219–220; John King Fairbank et Merle Goldman, *Histoire de la Chine*, op. cit., pp. 223–224.

⑤ Jacques Gernet, *Le Monde chinois*, op. cit., II, p. 261. 也许在 18 世纪的中国文化中，我们应当恢复这个被接受的蛮夷在体力方面一定的名誉，而且应该对其技术文明和务实文化，尤其是地理学，投以兴趣。

作（《四库全书》），这项浩大的工程始于1722年[1]，完成于1782年。8万部著作被收录其中，但另有超过2 000部作品被销毁，有时是因为其内容淫秽，但往往是因为作品表现出了对掌权者自认为所属的“蛮夷”的蔑视或憎恨——那时之前中国朝代的正式用语都将现在的掌权者视为蛮夷。[2]

如果像我们非常想做的那样把这笼统地归纳为一种“种族主义”，这太简单了。因为满族军队在征服中国的过程中投入的兵力，总数大约为15万人，其中四分之三是汉人。[3] 隔离满族人和捍卫满语所保护的更多的是一种满族人的民族性，而非一种作战的职能，而我们担心汉人的影响会削弱这种职能。在历史上，在帝国体系方面，从这个角度来看，满族人的统治接近于埃及马穆鲁克的统治（1250—1517年）。马穆鲁克的统治是军事的贵族政治，来源非常多元，但是本质上对埃及人民来说是彻底的异国人——马穆鲁克埃及裔母亲生的儿子被排除在权力的第一圈子之外——而且在军营里学习掌握突厥语的做法将这些贵族团结起来。

这种设置的特征之一就是，避免受到糜烂的定居生

① 原文如此。当为1772年。——校译者注

② Jacques Gernet, *Le Monde chinois*, op. cit., II, pp. 230–231, 266.

③ John King Fairbank et Merle Goldman, *Histoire de la Chine*, op. cit., pp. 222. 仅仅四分之一是满族人和蒙古人。

活任何影响的阿萨比亚能更好地经受住时间的考验，因此能赢得新的蛮族的归附。这是中国西部民族的情况，自18世纪初开始，满族人把这些民族并入自己的阿萨比亚：蒙古族瓦剌人的亲戚准噶尔人、藏族人和维吾尔人。1758—1759年，对塔里木盆地（千年之前唐朝失去了此地）的征服完成了，这使得构建新疆（“新的边疆”）成为可能。①

而且，满族人以活生生的例子证实了帝国自身的原则。国家资本积累的职能得到很好的保障，尤其是因为军事职能和生产职能之间区分得非常清楚。18世纪，中国的经济发展速度十分惊人，大概超过了欧洲，虽然欧洲即将迈入工业革命时代。在1700年到1800年间，中国的人口数量翻了一番。如果我们相信人口普查（被认为是中国历史上最可靠的人口普查），在1740年到1794年间，人口年增长率超过了1%。对于如此众多的人口和如此长的时期而言，这一现象在自新石器时代以来的农耕社会历史上很可能是前所未有的。②接近公元1800年时，中国拥有大约3亿的居民，仅仅在自己的土地上就聚集了世界三分之一的人口。

但是18世纪的中国仍然属于农耕社会吗？农业经

① Jacques Gernet, *Le Monde chinois*, op. cit., II, p. 235.

② Ibid., II, pp.243–244.

济的快速发展部分是由美洲农作物品种和改良品种的引进，以及水稻种植业、鱼类养殖业的投资带动的。[①] 国家特别重视发展工业生产和种植可制作染料的植物，扩大棉花（从印度引进，进口量甚至比 1835 年的英国还要大）种植，增加煤炭、生铁和钢的生产（远胜过 18 世纪末英国的生产）。[②] 除了以上这些，还应该加上瓷器、漆器、纸张和家具的生产——从 16 世纪开始，明朝就大批量地出口这些物品，而且欧洲市场和印度市场的开放显著地扩大了这些商品的顾客群。1760 年到 1800 年间，茶叶的出口量增长了 10 倍。[③]

事实上，很明显，正是对世界的开放在很大程度上解释了工业时代之前人类历史上这一前所未有的快速增长，而对外开放很少同过去的中国形象联系起来。有人计算出，1571 年（这一年菲律宾被西班牙占领，中美之间的永久贸易关系得到巩固）到 1821 年，美洲矿山开采出的白银有一半到了中国。[④] 清朝的满族人稳固牢靠的阿萨比亚和国内外贸易税收带来的丰厚财源——后者的作用远远超过前者——使得国家得以减轻土地税，并

① Jacques Gernet, *Le Monde chinois*, op. cit., II, p. 232.

② Ibid., II, p. 240.

③ Ibid.

④ Ibid., II, p. 241.

鼓励对农业劳动进行投资，鼓励农业劳力的流动。[①] 大清帝国离完美实现帝国职能不远了。

然而，对外部世界开放的路线和网络是由欧洲的船队建立起来的，在英国迈入工业革命时代之后，这种开放本身也将清朝置于同英国的竞争之中。曼彻斯特的棉织品从 19 世纪中期开始就排挤中国的产品。在 1850 年到 1870 年间，曼彻斯特的棉织品价格降到原来的五分之一。[②] 新工业给中国带来失业问题，让帝国失去了财政收入。但是，自 18 世纪最后四分之一世纪起，英国还是东印度公司的主人，而在这一角色当中英国已经从中国获得了工业革命带来的特别的好处。为了平衡宗主国对茶叶的购买，就像平衡殖民地印度对茶叶的购买一样，英国向中国出售鸦片，并于 1773 年垄断了鸦片的销售，而且从 1816 年开始在印度寒冷的土地上发展鸦片种植业。正如谢和耐解释的那样，中国激烈的反抗（导致了 1840—1842 年的鸦片战争）更多的是因为中国新的贸易逆差，而不是对公众健康的关心，而这个贸易逆差让中国及其经济破产，中国一大部分人失去了赖以生存的手段。[③] 英国在印度通过帝国最传统的方式——

① Jacques Gernet, *Le Monde chinois*, op. cit., II, p. 242. 1650—1766 年，土地税占国家税款的比例从 87% 降到 73%。

② Ibid., II, p. 309.

③ Ibid., II, pp. 299–302.

军事征服和搜刮税收——占得上风。而对中国，它超越的手段是通过更为高产的经济手段。是定居生产的优越性，而不是军事霸权，第一次保证了帝国的胜利。一个新的世界诞生了。[①]

① Jacques Gernet, *Le Monde chinois*, op. cit., II, pp. 307–310. 正如作者非常精准的解释，英国对中国的军事优势绝没有在 1840 年建立——而这正是与印度的主要不同之处。1840—1842 年，英国的海上袭击总体上对中国而言与日本或越南海盗相差无几。在 1860 年，甚至在 1880 年之前，工业革命和军备革命并没有给欧洲列强带来对中国统治者真正的——而且是压倒性的——军事优势。

结 语

如果要给这些帝国的简短历史下一个独一无二的结论，那么毫无疑问是帝国机制对暴力的排斥。暴力是需要被克制的。任何帝国都是由一大群定居在中心地带的负责生产的人和一块贝都因式的边缘地带组成的——后者可以处于帝国本身领土的保护之下，尤其是在帝国形成的初期。从公元1世纪的罗马以及公元前2世纪的中国开始，这样的一块对于维持帝国的平衡来说与中心地带同样重要的边缘地带却被抛弃在边防线或长城之外。对于帝国来说——至少它自己是这样认为的——它不对外进攻，只保卫自己的文明和繁荣不受蛮族侵犯。帝国与蛮族世界保持的必要的交流是对抗暴力行为的资本；这一交流是隐匿的，掩蔽在胜利捷报下，并为庄严的仪式粉饰。

历史上没有任何一种架构在结束帝国逻辑方面比中国更彻底。在清帝国时代，对暴力的排斥被如此完美地内化，以至于整个国家（中国）都被认为处于一种外族（满族）占领的野蛮状态。在罗马甚至是在伊斯兰世界似乎都没有出现这样类似的情况。相应地，暴力领土（满族）和生产领土（汉族）在职能上的种族隔离，使人想起1250—1517年在人种和文化上分裂马穆鲁克和其埃及属民的难以逾越的鸿沟。

当暴力的疏远机制接近种族隔离时，它的进一步发展有利于维持帝国的平衡，我们需要意识到这一点。定居者和保卫他们的部族之间的分离使部族暴力不再如此迅速地被削弱，如伊本·赫勒敦所言，为它们的阿萨比亚保留了一把利刃，可以插入一个延续时间超过100年甚至150年之久的王朝生活。中国的东汉（25—180年）、唐朝前期（618—755年）、蒙古帝国（在中国是1227—1368年），印度的图格鲁克王朝（1320—1414年），或者莫卧儿王朝（1526或1555—1707年），在这些王朝的持续阶段，用伊本·赫勒敦构想的图景看它们都很相近。相反，宋朝先是以放弃边界（1000—1125年）为代价，随后又以整个中国北部都被来自草原的王朝分据（1125—1150年）为代价，在中国南部繁荣了300年之久。“蛮夷”满族人和平地治理了中国200年，直到19世纪中期出现大规模的暴动。在伊斯兰世界中心，马穆鲁克的制度显示出同样顽强的生命力。奥斯曼人借用了其奴隶兵（近卫军士兵）制度，毫无疑问这是马穆鲁克的威权可以在1517—1718年间延续如此之久的原因之一。暴力职能和生产职能分得越明确，帝国的这种辩证法就越是需要。

疏远暴力的规则对伊斯兰世界和对中国是同样重要的，即便它在伊斯兰世界表现得更加复杂一些。在伊斯兰世界最初的两个世纪，暴力属于阿拉伯人和穆斯林，负责生产的国民大多是基督教徒、犹太人、波斯教徒和摩门教徒。自9世纪到12世纪，在帝国的前几十年，大多数被征服者皈依伊斯兰教，使得“暴力—生产”二分法术语的含义发生了颠倒。自此，生产者大多是穆斯林，暴力则归于突厥人、柏柏尔人或斯拉夫人这些被认为是下等穆斯林的人——如此，他们与生产者才能保持鲜明的对比，暴力的独特性才会立即得以彰显。

13世纪至14世纪，在伊斯兰世界中心区域化为废墟和抛弃部族力量后，伊斯兰世界再次征服了小亚细亚、巴尔干半岛诸国，尤其是印度。被征服的生产者再次变成了基督教徒和印度教徒；征服者则炫耀自己历来信奉伊斯兰教，属于巴尔干半岛诸国中的“土耳其人”

（突厥人）和印度的“霍拉桑人”或“图兰人”（Touraniens）。然而，当帝国稳定下来时，越来越多的人开始信奉伊斯兰教，伊斯兰教正统派对定居的生产者中的城市上层社会做了界定，把一些不忠诚的或被认为是异端的部族界定为异端，从此之后暴力又重新发挥了作用，至少部分地发挥了作用；土耳其近卫军士兵来自巴尔干半岛上的基督教徒、印度的拉杰普特人和马拉特人就是例证。

我强调过，从这一点看帝国对其臣民的宗教同化或许是徒劳的，相反，这可能是一种信号，表明暴力和生产各自领域之间的界限已经严重模糊不清。莫卧儿帝国的阿萨比亚建立在印度外来的伊斯兰部族的基础之上；17 世纪末这种阿萨比亚又同一个来自伊斯兰世界以外的印度部族（马拉特人）联系在一起。重要的是“外来”这个词出现在了定义中。反过来说，暴力职能产生了外来部族。阿富汗人只在 14 世纪到 18 世纪印度的伊斯兰王朝的军事部门才找到历史的存在；他们在 19 世纪成为印度外来部族之前，是典型的印度外来者——他们至今仍是外来者。

这些帝国，中华帝国、罗马帝国或伊斯兰帝国，不仅仅在结构上可以相比较，它们的历史也与同一场运动紧紧联系在一起，并在此过程中得到发展。波斯的第一个帝国阿契美尼德帝国在公元前 4 世纪末的覆灭，使中东地区失去了对它作为新石器革命的核心角色以及历史的发端来说一样重要的领先地位。不久之后，在公元前 3 世纪到公元 3 世纪或 4 世纪，中国和罗马在同一时期建立了不相接壤的两大帝国，无论是定居民族的流域还是部族的边缘地带彼此都没有为要事往来。匈人（Hun）被勒内·格鲁塞看作匈奴人，汉朝组建的军队中的一支，他们对西部地区的进攻并没有动摇日耳曼人在即将灭亡的罗马帝国以及之后由蛮族组成的诸国的武装中老大的位置。同样，月氏吐火罗人，已确定的历史上东印欧人的最靠东的一支，自公元前 2 世纪就离开了中国的舞台。

相反，伊斯兰世界在重建一种自从阿契美尼德帝国覆灭以来已经消失的地缘政治的过程中，自罗马帝国北部（欧洲）退出，任其自行发展，但又重新与中国相接。我强调过 751 年爆发的怛罗斯战役的重要性：伊斯兰世界赢得了突厥世界，这是汉朝和唐朝蓄积帝国军力的地方。这对中国很不利。7 世纪到 8 世纪，两大帝国的部族边缘地带互相交织，几乎总是伊斯兰世界占上风。几个世纪以来，缺少阿萨比亚和暴力的中国因此深受其苦，后来它将在美德方面取得成功；伊斯兰世界则掌握了一笔突厥战争力量的财富，这笔财富却不总是能助帝国的事业一臂之力。即便是在蒙古人统治时期（1206—1368 年）也没有打乱这种角色的分配。当第二代蒙古人在公元 1260 年后组建了帝国，生产职能自然而然地回归了中国，王权和暴力职能属于伊斯兰世界。当蒙古部族中最为好战的几支，诸如金帐汗国和察合台汗国，因被排斥在帝国的阿萨比亚之外而纷纷改宗皈依伊斯兰教时，占据着中心地区的中国和伊朗的蒙古统治者，更倾向于（由中国传入的）儒教和佛教。帖木儿在他人生的最后一年或许曾想过要进攻中国。这个计划原本是非常合理的：作为公开宣称的蒙古族继承人，帖木儿可以考虑重新夺回被明朝夺去的成吉思汗和忽必烈的遗产；然而，中国（尤其是中国）或许已经把它的生产活力和察合台汗国的突厥人的军事实力结合在一起，这些突厥人已经无法再在筋疲力尽的伊斯兰世界里找到可以加以奴役和课征贡赋的居民了。

帖木儿死后，他的继任者在伊朗地区的失败以及他们转向印度的野心保护了中国——巴布尔，莫卧儿帝国的创建者，是帖木儿帝国的最后一位统治者。实际上，到 16 世纪，中国和伊斯兰世界的两大部族体系才最终分道扬镳：皈依伊斯兰教的乌兹别克人进入了印度莫卧儿帝国的势力范围，满族人则进入了中国的势力范围。

这种长期以来都为中国提供了定居者优越地位的力

量的不均衡分配，必然有助于保障中国在前工业化的历史时期，在汉朝（约公元前200—公元200年）、宋朝（12—13世纪）和清朝（18世纪），在生产方面取得最引人注目的成功。汉朝的飞速发展与同时代掌控地中海世界的罗马帝国的和平和繁荣非常类似。相反，伊斯兰世界没有什么可以与宋朝的辉煌相媲美的，17世纪印度莫卧儿帝国的鼎盛与一个世纪之后满族人在中国的巨大成功相比也黯然失色。在这里，中国的蓬勃发展相当程度上促进了对帝国结构一无所知的欧洲的发展。①

这最后一点将注意力引向伊本·赫勒敦的不言而喻的理论，即帝国的经济效率上来。我们已经知道，我们可能无法将经济和人口最初猛增的功劳归于帝国。然而，正如德里苏丹统治下的印度，尤其像莫卧儿王朝表现的那样，通过税收和城市化，帝国可以集中财富，从而获得更大更持久的发展，更能在科学技术、商业或政府创新的形势下保持这种发展势头。这些功绩在帝国军事机器的财政负担中可以找到对照。由于忽视了这一点，宋朝将中国北方的全部领土舍弃给女真人，致使中国文明在达到顶峰之后遭受历史上最严重的灾祸——蒙

① 相对于欧洲11—13世纪的跃进，接近达到工业化时代是18世纪中国生产发展的写照，尽管这只是小范围内的情况：中国在宋朝达到了发展的顶峰，在13世纪末拥有几乎两倍于基督教国家的人口（1.2亿比6 000万），18世纪的清朝几乎也是如此（3亿比1.5亿）。

古人入侵之中。

相反，正如伊本·赫勒敦阐述过的那样，帝国不可能放弃城市化和对资源的集中控制，即便资金不足、人口缩减，因为这构成了帝国存在的基础。747年，当拜占庭皇帝君士坦丁五世冒着可能导致帝国的一个省份人口剧减、帝国税收基数缩水、埃及和叙利亚被阿拉伯人占领，进而致使国家收入流失、使本已沉重不堪的财政危机更加严重的风险，决定把爱琴海诸岛上的居民强制迁移到君士坦丁堡，借此为这一被鼠疫蹂躏的城市增加居民。他的这种举措完整地表达了帝国的逻辑。帖木儿的人口灭绝政策则要残酷和理性得多：他创建的帝国最核心的部分集中在亚洲中央，在首都撒马尔罕，征服者把从伊朗、叙利亚、安纳托利亚和印度劫掠来的财富和劳动力带到这里。所有无法集中到撒马尔罕的东西都被摧毁了。当一个省区的人口和财富已经不足以让长久占领这个地方有利可图时，不如离开的时候把一切都毁了，避免那点可怜的资源落到别人的手里。

与其他帝国相比，伊斯兰国家是否更少排斥暴力?

很幸运，帖木儿帝国只是历史上的一个特例。不过，它却因此促生一个让人困扰的问题——关于暴力的问题，而这种暴力在伊斯兰国家尤其特殊。勒内·格鲁塞曾说，成吉思汗出生在大草原上，像祖辈一样反对定居生活，他的野蛮残暴并不令我们感到意外。但是帖木儿“是一个有教养的突厥人，极其热爱波斯文学，却破坏了璀璨的伊朗文明；他是一个虔诚的穆斯林，却蹂躏了伊斯兰世界所有的都城”[①]。伊斯兰国家是否偏爱战争？表面看来，这个问题的答案很明显，确定无疑。我们已经说过，伊斯兰法律承认伊斯兰国家和穆斯林拥有进行防御性战争和进攻性战争的权力——佛教和基督教忽视并排斥这项权力，或者说严格地限制这项权力。

但是事实上，伊斯兰国家未能脱离帝国运行的规律。我们已经举过例子，那就是公元750年后的伊斯兰帝国，即倭马亚王朝，尤其是阿拔斯王朝，和拜占庭帝国之间长达近400年的对抗。我们已经看到，这场冲突在10世纪造成了一种反常的结果。在信奉基督教的拜占庭，教会拒绝将进入天堂的承诺给予那些参与过与非基督教徒作战的士兵。但是拜占庭由于缺乏财政税收脱离了帝国的机制，并战胜了伊斯兰国家。伊斯兰国家宣扬圣战，但是帝国的机制不可抗拒地使其为了雇佣军的利益而解除了武装，而总体上来说雇佣军并没有成效。

① René Grousset, *L'Empire des steppes*, Paris, reedition Payot, 1965, p. 510.

相反，自从拜占庭在11世纪重新建立帝国的机制，它的前沿阵地卡帕多西亚（君士坦丁堡曾执意根除此地尚武而反叛的贵族）被突厥人突破了防线。此外还可以加上我们现在知道的这个故事的结局：曼齐刻尔特战役之后，土耳其人（突厥人）便稳固地居于安纳托利亚，因为相对于伊朗和伊拉克正在创建的塞尔柱帝国而言，这个地区充当了部落的收容所——塞尔柱帝国将最好战、最不安分的突厥部落驱逐到安纳托利亚的西部。伊斯兰教的力量之所以能够征服安纳托利亚，是因为帝国对突厥战士的控制不力，而不因为塞尔柱帝国的势力有多么强大。

蒙古人的入侵给我们提供了同一规律的第二个例子。在13世纪初，突厥人阿萨比亚的衰落为外族入侵开辟了道路，这些入侵同7世纪阿拉伯人的入侵一样迅猛。在这里，同样，大概几万名蒙古骑兵在两代人的时间里战胜了两三千万的穆斯林臣民以及1亿的中国臣民——不同的地方是，穆斯林在这里的角色是定居者，而阿拉伯人在7世纪的时候保持着胜利的阿萨比亚的部落角色。对于“圣战”而言，伊斯兰法律术语在13世纪时比7世纪时有力得多，7世纪时关于伊斯兰法律和圣战的同样的概念尚未明显让人信服。但是当突厥战士有所不足的时候——或者，也可以说是圣战法规和意识形态从属于定居者爱好和平而进行生产的思想意识的时候，乌理玛们未能成功地预测到围绕着支撑帝国的部落阿萨比亚展开的权力战争。

这两个领域被帝国的实践严格地区分开来，但相互之间并不是没有联系。与中国不同的是，伊斯兰国家并不完全将其战士定义为异国人，因为这些战士也信仰象征伊斯兰帝国身份的伊斯兰教。然而我们注意到，在历史的进程中，“罗马人”“穆斯林”两个词的词义逐渐发生了同样的转变。在罗马的鼎盛时期，“罗马人”指的是帝国的征服者和捍卫者，军队是帝国的集体象征，是帝国的化身；从 4 世纪和 5 世纪开始，“罗马人”这个名称等同于解除了武装的定居人口，军队则“蛮族化”了。同样，“穆斯林”在伊斯兰教历史的第一个百年中几乎专指阿拉伯征服者或者常常光顾边境的战士；从阿拔斯王朝时期开始，在 9 世纪和 10 世纪，这个名称越来越多地被用于指代帝国的定居人口和宗教人士，而相反，帝国由几乎没有伊斯兰教化的突厥人或柏柏尔人捍卫着。

对暴力的排斥因此在伊斯兰世界更为微妙，但是这种排斥表现得很明显，比如说，在合法政治地位的等级分化中即是如此。在近 4 个世纪中，大约在公元 630 年到 1000 年之间，只有与先知有亲戚关系的阿拉伯人或者来自麦加部落的阿拉伯人才拥有特权去掌握国家最高职权，即出任哈里发，然而从公元800年开始，伊斯兰帝国的暴力职能和军事机构已经由突厥人、柏柏尔人或者“奴隶兵”来掌管了。当公元1000年左右最早的柏柏尔王朝或者突厥王朝宣告了它们的主权时，它们为阿拉伯人保留了哈里发的专权，称自己是苏丹。西方的读者习惯于世俗和宗教的分野，经常会搞错。哈里发不是教皇，苏丹则会成为皇帝。哈里发并不局限于宗教事务，苏丹也并不局限于世俗事务。将他们区分开的是种族因素和历史因素：哈里发是阿拉伯人，苏丹是突厥人（土耳其人）或者库尔德人，或者更晚些时候的切尔克斯[①]人（Circassien）。哈里发代表着最初的伊斯兰国家，苏丹代表着新的伊斯兰国家。最后而且重要的一点是，苏丹指挥着作战的人民，这些人对于占人口多数的定居民族来说是异族人，而哈里发便出自这些定居民族，哈里发反过来在宗教人士的支持下捍卫定居者的利益。[②]

但是帝国从本质上不断定居化，而且它的和平主义与苏丹战争的职能不断形成冲突。在11世纪和12世纪，塞尔柱帝国的苏丹以履行暴力职能而指挥军队，以哈里

① 切尔克斯是高加索北部的一个地区。——译者注

② 这就是为什么在14世纪初伊本·泰米叶（Ibn Taymiya）能够宣称宗教人士共同代表了哈里发。

发的名义进行统治。但是在叙利亚，从公元1100年开始地方政权就消失了，这次轮到负责战争的独立的地方长官对远方叙利亚定居者进行统治，这些地方长官“阿塔贝格”是真正的掌权者。摩苏尔和阿勒颇的阿塔贝格（1128—1259年）对国家的最高职权在1174年被他们的库尔德将军萨拉丁（Saladin）部分地取代，萨拉丁在一段时间内依靠的是他作为他的原宗主、阿塔贝格努尔丁（Nur al-Dîn）的孩子的监护的权势，后来在1187年获得耶路撒冷大捷后便直接去谋求苏丹职权。最后，萨拉丁的阿尤布王朝（1174—1250年）在开罗被马穆鲁克取代，最早的马穆鲁克继续自称是购买自己的阿尤布王朝的代替者，或者自称是阿尤布王朝的继承人。

这一连串的权力更替表明暴力夺权在伊斯兰国家不具合法性。政变或与暴力的联系之类的事实也无法直接改变这一特征，就像公元1000年前的拜占庭。战士们会很好地满足圣战的要求（教士们坚持不懈地在清真寺的讲台上宣讲圣战），打击异端什叶派以恢复逊尼派，从不信教的人手中重新夺回耶路撒冷：他们仍旧不得不遭到一直强烈反对突厥士兵的法学家和教士们的严厉批判。

伊斯兰世界就这样建立了两套权力话语秩序，一个是定居者的，另一个是军事方面的。公元1100年之前，阿拉伯语是帝国定居者进行书写时常用的文字。接着波斯语插了进来，在所有被突厥统治者管辖的领地上，从安纳托利亚一直到印度，波斯语扮演着同样的角色。[①] 当奥斯曼战争的主要职责交给巴尔干半岛和高加索地区的种族[②]的时候，16 世纪定居者这张短短的语言清单上，还加入了突厥语（土耳其语）。相反，在 13 世纪到 15 世纪之间，在马穆鲁克的开罗，突厥语是一种军队的语言，因为阿拉伯语是政务大臣的语言。年轻的马穆鲁克来自高加索或欧洲最为多元化的种族群体，他们在埃及的军营中学会突厥语的同时也学会了运用武器的技能。在印度，波斯语是官方语言，但是在 18 世纪的时候兴都斯坦语渗入军营之中——这就是为什么，它的名字“乌尔都语”是“军营的语言”的意思。这门语言见证了从奥朗则布的统治开始军事职能迟来的印度化，就像我们前面看到的那样。

这两个世界，游牧的与定居的世界，暴力的与生产的世界，最终以两种对立人群的逻辑而产生分歧。定居

① 波斯语一跃成为首要的文明语言，很大程度上也许要归因于说阿拉伯语的波斯秘书们在 9 世纪和 10 世纪的阿拔斯王朝中起到的作用，以及工作根据人种的不同分配（这一点已经成为阿拔斯王朝文学的常见主题）。这种分配使得政治统治（siyasa）的技巧由波斯人掌控，而战争的手段则由突厥人把持。通过将突厥的苏丹和波斯的维齐尔并列，塞尔柱帝国不过是让在它之前阿拔斯帝国的种族政治学想象在它的政府机构中具体体现出来。

② 包括波斯尼亚人、塞尔维亚人、阿尔巴尼亚人和拉兹人（Lazes）。——译者注

模式的逻辑聚集起了绝大多数人，这个群体中各色人等混杂，使用一门高雅的语言，有着共同的社会实践，借此团结在一起。[①] 这个定居社会足够多元和开放，能够接纳那些被排外程度高得多的军事社会内部不包容的人。因此，比如在开罗，在 13 世纪到 15 世纪之间，“awlâd al-nâs”，马穆鲁克与埃及女人（常常是这样）在开罗生的儿子，被认为不适合从军。实际上，军事社会只建立在人数极少的部队编制上——15 世纪埃及和叙利亚王国有 500 万到 700 万人，却只有 5 000 到 1 万名马穆鲁克。军事社会从来没有比以下所述的更好的方式来达到它的平衡：将士兵的招募仅仅限制在一个小型的种族群体内，这个族群狂热地团结在一起，严苛地封闭自己，把自己极端地排斥在所统治的广大穆斯林以外。切尔克斯人在 15 世纪的开罗完美地实现了这些条件，做法是在埃及这个大熔炉中显示他们的浅色皮肤和高高的毛皮软帽。在 16 世纪，乌兹别克人关照着印度年轻的苏丹阿克巴，而不懂阿拉伯语的法兰克人（选择他们就是出于这个原因，这些法兰克人被称为“哑巴”）构成了 9 世纪科尔多瓦的倭马亚王朝埃米尔的

① 有时有穆斯林共同的价值观和实践——但是基督教徒、犹太人和印度教徒一直以来都为数众多，甚至是一直占多数。

守卫。[1] 这些只是数十个例子中的几个，还有一些继承伊斯兰教传统的欧洲掌权者的例子：一个切尔克斯人在1881年因效忠于沙皇亚历山大二世而死，他当时拼命保护沙皇，帮他挡住了一位无政府主义者投掷的炸弹。斯大林在1953年去世，身边环绕着他的是来自巴什基尔的（bashkire）护卫。

伊斯兰国家，完美的帝制。或伊本·赫勒敦的理论诞生于伊斯兰国家的原因

毫无疑问，伊斯兰教确实比基督教或佛教更能够承认国家的利益。因为伊斯兰教的训诫不排斥暴力，而国家尤其能从这一结果中获得利益。这是伊本·赫勒敦告诉我们的最令人吃惊的一点，也是最令人费解的一点。如果说国家有一个不变的任务的话，那就是创造定居的

① 受限群体的语言是行使权力时采用的一种秘密语言。人们在科尔多瓦发布处斩的命令时用突厥语或柏柏尔语。伊本·白图泰到访马杜拉伊埃米尔国时证明了这一点。这个埃米尔国在印度最南端，一名反叛德里苏丹的突厥军官在这里建立了独立统治。该国人民难以忍受这名军官出了名的残暴。有人把一个印度教徒带到他面前。“他说了几个词我没有听懂。好几个打手拔出了短刀。我急忙起身，但是苏丹问我要去哪里。我回答他说我就要去做我的晚祷。他知道我离开的原因笑了起来。他下令叫人砍掉那个人的双手和双脚。当我回来的时候，我发现那人浸在血泊之中。”残暴的军事语言（突厥语）和神圣的仁慈的语言（阿拉伯语）的对比在这里清晰可见。Ibn Battuta, *Voyages*, Paule Charles-Dominique 翻译，Paris, Galllimard, “Bibliothèque de la Piéiade”, 1995, p. 952。

生活，也就是说，将国家控制的绝大多数人口解除武装、安抚平定并剥夺他们的武力，压制人类群体中天生具有的粗暴和愤怒，借此把他们变成温和的生产者和顺从的纳税者。伊本·赫勒敦的发现，或至少对我们来说他引人争议的特点，阐述的是对定居者这样一个定义，即定居者是国家的创造者，是对大自然最初的超越，也是最早的让人除去勇猛气概的教化手段。伊本·赫勒敦告诉我们，文明令人钦羡，是吸引人的目标，这个目标中所有的自然资源被人类一点点从原始野蛮状态中提取出来，但是文明使人堕落——而且这种堕落是难以避免的，尤其是人们向往文明，这是文明的规律。

欧洲关于伊本·赫勒敦理论的评论家经常抓住我们刚刚开始讨论的“天生的”部落与“人为的”定居者之间的区别。但是如此表述的话，这个区别本身就是不正确的。实际上，很关键的一点是要理解“游牧”族群并不比国家的定居者在更高程度上从属于自然，而是在更高程度上从属于一种暴力，这种暴力是文明世界缺乏的部分，而游牧族群已经在社会任务和价值观的分工中自觉接受了这个部分，这一分工能够剥夺定居者的暴力，同时游牧族群也能够从暴力中解放出来。总之，没有定居者，就不会有游牧族群存在，没有文明，就不会有蛮族存在，文明将蛮族置于自己的边防线上作为威慑力量和守卫者；如果大多数人没有被剥夺其暴力职能，就不会有少数群体被指派去完成暴力的职能。正是这一点使得伊本·赫勒敦所指的部落与列维－斯特劳斯（Lévi-Strauss）所指的部落极其不同。在列维－斯特劳斯给出的界定中，野蛮人的世界意指一个没有毗邻的定居区的世界，没有定居区给野蛮世界当参照，或者充当劫掠之地。这个意义下的野蛮世界并不会令伊本·赫勒敦感兴趣。他仔细观察的是暴力的世界，这个暴力的世界被它包围的文明世界如此构建起来。这种暴力被原始的部落忽视，被文明世界痛恨，但是它将部落与文明世界联系起来，并使这两个世界相互转化。部落主要的能量，他们对荣誉原始意义上的理解，他们易怒的天性，被严格地限定在某一个功率范围内，这样国家这台蒸馏机就不会为人察觉，它一方面不会将大众“蒸馏”出纯粹的暴力，另一方面也不会“蒸馏”出纯粹的艺术和生产财富。

从伊斯兰教起源开始，随着阿拉伯人的征服行动（即几十万人对几千万人的统治）的展开，这些事实就已为人所知。正是这一点让伊斯兰国家与其他帝国区分开来。三个大的文化帝国，罗马帝国、中华帝国和伊斯兰国家，每一个都在鼎盛时期，通过构想有关帝国起源的虚拟的教训，通过重新上演神圣的故事情节，将其起源神圣化。罗马帝国和中华帝国几乎是在同一时间诞生的，即公元前几世纪的时候，那个时代人口数量和财富在强劲地增长，战事造成各个民族的人口整体流动，而军事征服行动之后便造就了这两个帝国。因为罗马，就像中国，是在帝国出现之前就存在的。罗马在共和制时期就征服了地中海世界，罗马帝国从未放弃这个共和制度，而且极度专制的君主政体遵循着罗马共和制的惯例。在帝国的全盛时期，诗人、历史学家、伦理学家——维吉尔（Virgile）、塔西佗、普鲁塔克 (Plutarque)——不停地用希腊语或拉丁语提醒人们不要忘了永未达成的公民权利平等的理想，即希腊城邦的“isonomia”（政治权利平等），不要忘了可怕的暴政，不要忘了哪怕牺牲生命也要选择自由的荣誉，以及从容赴死的伟大。

中华帝国的模式也没有大的不同。直至今日，中华文化的理论家孔子和孟子，生活在战国（公元前5世纪到前3世纪）那个富饶然而动荡的时代。在战国时期，各位君王都怀着雄心壮志，招募士兵时将范围扩展到所有的臣民。他们所说的“人民”（“民”）是一支必须拥护他们的军队，就像雅典领导人要赢得其重装步兵或罗马君主要赢得其军团在战场上的认同一样，因为这些武装齐备的人民这时反对的正是以野蛮暴力强迫他们行事的人。[1] 在中国，到了帝国的时代，即公元前 221 年之后，人民的反抗权被永久废除，但是继续保留了其言论。就像罗马，中国 2 000 多年来建立在“共和”时代英勇刚毅的美德基础之上，这一时代的价值观和话语一直鲜活如初，让中国永久地避免颂扬专制主义，并让中国在最艰难的日子里也避免接受专制主义。

伊斯兰国家正好相反，除了帝国，它既没有其他的过去，也没有其他的根源。它产生于罗马帝国和中华帝国出现之后近 1 000 年，产生于一次如此迅速又如此彻底的征服，这次征服又与如此深刻的宗教变革相联系。这次宗教变革几乎摧毁了在这之前的所有记忆，并且将自己树立为之后诞生的任何一个伊斯兰国家创世时独一无二的典范。所有或者几乎所有的伊斯兰王朝都诞生于一次征服，诞生于灭绝，诞生于对定居的纳税人的减负，诞生于被征服人民对历史的遗忘之中，诞生于迁都和拥有广大被解除武装的群众——他们心甘情愿地换了主人，尤其是因为税收暂时还比较轻。“人民”，在这种叙述中，是征服者中极小的少数族群，他们建立了国家或者夺取了国家政权。在阿拉伯第一代对外扩张运动期间（634—656 年），阿拉伯人占他们帝国人口

① 关于这些内容，参见 Yuri Pines, *L'Invention de la Chine éternelle*, Paris, Les Belles Lettres, 2013，尤其是 pp. 230–267。

的比率大概不超过 2% 或 3%。之后，所有的伊斯兰“人民”都局限于极少的人数，不过这些人数足以达成目标并满足他们自己的定义：承担统治任务，执行国家的暴力职能。伊斯兰国家的一个种族，以及更大一些，一个民族，严格地把自己等同于一种权利，而且不会离开给予了自己名字并会与其一同死去的国家。[①] 征服者实际上是唯一配得上“人民”这一名称的人；被征服的定居大众只是人口，并不重要，而且没有名字，当征服者的后代降级之后会加入他们的行列：穆罕默德这一族系的阿拉伯人——用伊本·赫勒敦的话来说是穆达利特人（Mudarites）——从 11 世纪中期开始就消失了，14 世纪末期柏柏尔人正在走向消亡。当中国和罗马建立起永垂不朽的名声、数不胜数的新来的人们骄傲地寻求两国的庇护时，伊斯兰国家从其关于集体生存的帝国想象中唯一继承的是对于消亡的一种焦虑和一种确信——天才的伊本·赫勒敦能够把它们条理化，而且几乎能平息这种焦虑和确信。但是也正是从这里诞生了他理论的核心思想：从那开始人们进入了历史，以人们唯一能做到的方式——作为主人和征服者，而进入的历史是一个日渐衰退、走向懦弱的过程，一个剥夺暴力的过程，一个被遗

① 国家或者王朝，这就是为什么“*dawla*”（执政的国家）这个术语在伊本·赫勒敦的理论以及在他的历史叙事中如此重要了。

忘与死亡的过程。

那些我们未谈及的人

归根结底，数千个部落、公国和局势处于我们已经计划予以定义的历史范围之外，它们构成了组成少数的特例。这点是毋庸置疑的。但是我们已经描述过的帝国——总体而言，一个在世界的东方，另一个在世界的西方——代表的人口从未少于全人类的三分之一，而且经常会超过二分之一：在公元元年的世纪交会点上，罗马和中国的汉朝（二者的人口就占了全世界的50%）；公元750年左右，阿拔斯王朝和中国的唐朝（二者的人口占40%到45%）；将近公元1200年，伊斯兰帝国和中国的宋朝（二者的人口超过40%）；公元1500年左右，中国的明朝和印度的洛迪王朝（二者的人口超过30%）；公元1800年，印度莫卧儿王朝和中国的清朝（二者的人口超过50%）：都是如此。

此外，人们常常把部落的领地或者叛乱的行省排除在外，以此缩小帝国的版图；而这些部落或者行省实际上属于帝国系统的一部分，就如行星系统中的一颗星星。1400年到1600年间，日本围绕着中国旋转，中国15世纪的海上远征在东南亚的一大部分区域构建了保护国制度。越南直到10世纪都属于中国，随后重新获得了它的宗主权，就像明朝之后的缅甸，甚至暹罗。德干领地上独立的埃米尔国比贾普尔和戈尔康达，甚至印度教王国维贾亚纳加尔（1336—1565年），都属于印度伊斯兰帝国的恒星系统，14世纪中期埃米尔国摆脱了这个系统，维贾亚纳加尔王国则用武器和借鉴而来的帝国的做法，同此伊斯兰帝国的扩张做斗争。同样，满者伯夷（1293—1527年），伊斯兰教化之前印度尼西亚主要的王国，1293年诞生于抵抗中国忽必烈皇帝进攻的行动之中。至少直到13世纪中叶蒙古人的征服活动之前，伊斯兰国家总体上仍是一个帝国，在主要阿萨比亚引导的重新统一帝国的战争中，边疆只是一些停火线。

在最近2 000年的历史进程当中，不可避免地会有两三个帝国在同一个时期分享着旧世界，在它们之间存在着数目不多的一些旧的历史形态，其中有的至少留下了足够的痕迹让人们记录下它们的历史。人们习惯上说，卡内姆-波尔努帝国（Kanem-Bornou，12—19世纪）、马里帝国（13—14世纪）、桑海帝国（Songhay，16世纪），或者埃塞俄比亚帝国。但是除了人口数量稀少（如果跟中国或者罗马比较的话），这些非洲王国，前面几个是伊斯兰王国，最后一个是基督教王国，都缺乏构成帝国要素的中央集权的特性。无论信仰伊斯兰教还是基督教，这些国家聚合起来的文明的中心在别的地方，远远越过了撒哈拉沙漠，接近尼罗河的河口。它们并没有忽视这个中心，就像它们知道的那样，至少对于伊斯兰王国来说如此，它们自己的生存建立在它们与伊斯兰国家中心维持的黄金交易、奴隶贸易、盐和织物贸易、马匹的交易的基础之上。日本自己也在与中华帝国文明敌对的情况下创建了一种极端精细和新颖的文化。出于相反的原因、孤立自封以及接受的集中统一化，人们反而能在哥伦布发现新大陆之前的美洲大陆的两大集合体——南美洲的印加帝国和中美洲的帝国——身上找到更多的帝国特征。尤其特别的是中美洲的帝国，它有复杂的形态，已经在定居化空间（在墨西哥中部和南部）和野蛮世界[在北部的奇奇梅克人（Chichimèque）]做出了明确区分。

欧洲情况如何呢？

我们已经多次讲到，欧洲不具备帝国体制的性质，而这大概也是它的历史最具独创性的地方。但是再次将我们的视线转回来，并且考虑到我们已经了解到的有关帝国的一些标准，再去衡量欧洲与那些王国有多么相近却又明显不同，这或许不是无用之举。

因为乍一看，欧洲的基督教国家总体上是一个帝国。它从罗马帝国中产生出来，通过皈依从公元四五世纪开始逐渐成为国教的基督教，它的直系皇室亲属的统治地位得到了巩固，完成了一体化及得到认同的过程。仅用阿拉伯语中的“Rum”一词就足以代表罗马帝国、后继的拜占庭帝国以及整个西方基督教国家，而它的重心在中世纪前期就开始逐渐地从君士坦丁堡转移至罗马或者亚琛了。这个独有的词“Rum”，即“罗马”，确定了罗马帝国的后继者们的统一性，相同的宗教与记忆将它们连在了一起。罗马历史，拉丁语或希腊语以及基督教，它们合在一起保证了基督教国家的有关帝国的最首要的本质特征：其独特性的确定，文明火种的保存以及确定在其界限之外只有蛮族。在中世纪基督教国家、现代欧洲以及当代西方的历史中，我们都很容易辨认出此种罗马边界精神。甚至在今天，它都不太可能消失。它常被冠以“欧洲中心主义”而受到谴责。有人认为这是将西方最为罪恶的历史示众的机会。但是很遗憾，在这方面让他们失望了。欧洲的罗马边界精神将世界上的其他人归到野蛮人之列，其实并没有什么稀奇之处。在伊斯兰国家或者在中国，我们都可以发现它的影子。这是帝国的典型属性。

此外，欧洲长期以来保有恢复皇权统治的愿望。公元5世纪末西罗马帝国灭亡之后，6—8世纪的那些“野蛮”王国普遍地承认君士坦丁堡的统治者地位，即使在面对“拜占庭”皇帝们的敌对政策时，它们也尽力践行这些空洞的效忠宣言。从8世纪中叶起，加洛林王朝将以前法兰克帝国西部的最重要部分——高卢、日耳曼、意大利和西班牙的北部，这些伊斯兰国家并未征服的地方，重新汇聚在了一起。查理曼在罗马的加冕一方面承认了西方与君士坦丁堡的政治决裂，另一方面代表了在伊斯兰教力量的压力下地中海世界和罗马遗产的分裂，同时也宣告在西方建立帝国的野心开始复活。或许直到大约公元1000年时，人们可以在西方推广这一对伊斯兰教来讲推行稍显过早的主张：政治实体的边界即为停火线，或者用更和平的话语来讲是帝国领土的分割线，而帝国的统一则不断地出现在居住于此政治实体与从另一帝国的边缘那里看到此地的人们的脑海中。公元1000年时的阿拉伯地理学将西欧的所有居民统称为“法兰克人”（Francs），给予他们的统治者同一个名字“查理”(Charles)，如同罗马的皇帝都叫作“恺撒”一样。“法兰克人”这一名称原指12世纪和13世纪叙利亚和巴勒斯坦的十字军；后来，16世纪和17世纪初，在印度和巽他群岛活动的葡萄牙人，以及之后的荷兰人和英国人，也被包含在内。今天在泰语中这一词仍指的是西方人。

不断要求恢复皇权的思想抱负是由在保存罗马的记忆、文化和语言的同时坚持基督教国家统一的原则的机构，也就是教会提出的。但在7—10世纪之间，正如亨利·皮雷纳阐明的那样，教会面临着人口稀疏的现实状况，这是因为出现了一些当地的生产联合体，而它们的政治与生产重心则是沿着摩泽尔河（Moselle）、默兹河（Meuse）和北海沿岸分布，距离罗马思想中心总是很远。国家税务名存实亡，罗马城镇也日益衰败。积极防御、快速应对9—10世纪诺曼底人、撒拉逊人以及匈牙利人的入侵的必要性，凸显了这种后退，而与此同时，它凭借着此类方法在拜占庭的安纳托利亚取得了胜利。无论是讲拉丁语的还是讲希腊语的基督教国家都意识到自己是罗马的继承人，而这一点也得到了阿拉伯作家们的承认。但是帝国采用的手段或做法均承自伊斯兰国家。9—10世纪，西方和拜占庭帝国逐渐被边缘化，伴随着这一过程的是伊斯兰帝国由游牧走向定居以及解除武装；回想一下，伊斯兰帝国走向定居化与解除武装使得拜占庭帝国自10世纪起，西方于10、11世纪在西班牙、西西里岛以及在叙利亚－巴勒斯坦进行的十字军东征，在与伊斯兰帝国的对抗中重新掌握了主动权。

德意志的国王们在962年从加洛林王朝那里继承了

帝国的重任，他们为了重申自己的统治权力而付出了将近三个世纪的努力。他们的举动遭到了教皇，实际上是其对手法兰西国王和英吉利国王的反对，同时也面临着对于解放意大利北部最富饶、人丁最兴旺地区的忧虑。他们尤其还要面对当地根深蒂固的、有关经济以及战争方面的大规模运动的诉求，这场运动始于 9 世纪，并在 10、11 世纪因设防城堡的不断增加而得到巩固与强化。对此，旧史书中的一个词用在这里十分恰当，那就是“封建”（féodalité）。

西方当时经历了一段令人印象深刻的人口增长和经济繁荣期，与同时期的中国相似，印度看上去似乎也是如此。但那时，宋朝在国家发展、税收以及城市方面展现出前所未有的兴盛，而伽色尼王朝与古尔王朝的突厥人借助劫掠以及向被征服的印度人强征贡赋推翻了德里苏丹国的统治基础，西方帝国的构想则因为市民阶级、贵族阶级和骑士阶级的阻碍而破灭了，这些阶级拒绝了帝国享有的基本特权，也就是臣民应解除武装以及缴纳赋税。

公元 1250 年之后以及腓特烈二世皇帝死后，帝国的野心很长时间里都不存在了，即便是“西方就是基督教帝国，帝国之外只是些野蛮人或者侵略者”已成为显而易见的共识。皇帝的头衔仍在德意志以及中欧的统治者一派中延续着，从 18 世纪起中欧的统治者则被称为“奥地利的”皇帝。1871 年俾斯麦领导下的德意志大胜法兰西，宣告了帝国的特权自动归属于德意志民族。之后在东方，俄国自称是拜占庭帝国的后继者，是第二个罗马。

混乱与法律

对于那些戴上眼镜想要仔细端详帝国历史的人来说，力量对比的现实则完全不同，并且显得十分令人困惑。在帝国统治的那些地区，分权占了上风。公元 1250 年以后，北意大利和中意大利散布着数十个城邦，德意志地区则有上百个公国。西班牙境内同样有不少王国，而法国，即使是在圣路易之后，国王们仍然面临着来自阿基坦、布列塔尼地区以及佛兰德地区的种种抵抗。一句话，西方世界的局势正像阿拉伯历史学家们形容“泰法”[①] 王国所用的词语那样，在帝国崩塌这样的危急时刻一群掌有财富的权威，注定无法长久，而西班牙泰法王国同样如此，他们在西方最为闻名，继承了在科尔多瓦遇难的哈里发的名号，并在 60 年后打消了建立新的

① “泰法”（taïfa），来自阿拉伯语，原意为“帮派、教派”，后专指 11 世纪早期后倭马亚王朝解体后在伊比利亚半岛出现的一些穆斯林王国。——校译者注

阿尔穆拉比特王朝的设想。[①]

然而更准确地讲，这种瓦解的过程酝酿了几个世纪。在那些穆斯林观察家认为最为动荡的地区，比如西班牙泰法王国所在的地区[②]，今天的历史学家们却发现情况恰恰相反，这些地区出现了令人惊讶的政治稳定。始于 12、13 世纪的那些被我们称为欧洲历史中的“新兴朝代”的时期，其实大部分都不是。瓦卢瓦家族（1328 年）、波旁家族（1589 年）的掌权仅仅意味着直系继承的中断，以及正统王位继承向旁系表亲继承的转变。英国兰开斯特家族（1399 年）、约克家族、都铎家族（1485 年）以及斯图亚特家族（1603 年）的掌权也同样如此。在整个帝国时期，哈布斯堡家族统治了超过六个世纪（1273—1918 年）。在卡斯蒂里亚，特拉斯塔马拉家族 (Trastamares) 的革命，使前朝最后一名统治者同父异母兄弟的后裔登上了王位（1369 年），而从特拉斯塔马拉王朝过渡到 1504 年建立的哈布斯堡王朝，则是因为特拉斯塔马拉皇族的一个女儿继承了王国，王朝便

① 这正是伊本·赫勒敦对西方 14 世纪西方的描述。那里存在着一个帝国（法兰克帝国，此处意指“法兰西的”帝国），在与英国新的阿萨比亚的百年战争输掉以后，土崩瓦解，尤其是地中海沿岸地区。少数的城市国家，如日内瓦、威尼斯以及巴塞罗那，后依照海洋法则建立。

② 泰法王国之间的战争几乎一直持续。在这些公国建立约 60 年之后（大约在 1016 年到 1025 年间），甚至在阿尔穆拉比特王朝干涉之前，它们中就已经消失了一半多，而剩下的也被阿尔穆拉比特王朝肃清了（1086 年到 1091 年）。

随了她的夫姓哈布斯堡。

这些变化并没有什么显著意义，尽管在觊觎王位者之间爆发了一些战争，待在欧洲王位上的却一直是不变的几个家族，这种情况一直持续到法国大革命以及拿破仑的动荡时期。我们在其中找不到任何可改变伊斯兰教、中国、罗马或者拜占庭[③]历史的剧烈的部落变化以及民族的变化。与伊斯兰世界以及中国不同，我们在这里看不到不熟悉野蛮地区方言的民族以战胜者的姿态掠夺宗主国的现象。通过征服建立境外政权的现象，据我们所知，在这些地方十分罕见，尽管这几乎是一个帝国的常态。通过一些有踪迹可觅的线索，我们发现，国王们之间合理的联系在欧洲从未中断。在匈牙利对莫哈奇人（Mohacs）的战争失败后，查理五世（Charles Quint）被选为波希米亚及匈牙利王储以应对奥斯曼人（1526年），正如腓力二世被选为葡萄牙王储的例子一样，都可以用紧急事态来解释。在这两个例子中，合法的国王战死沙场，伊斯兰世界的征服者们给基督教世界的秩序带来的突如其来的威胁给他们很大压力。在这些罕见的情境下，西方世界把自己当作基督教帝国。直到皇帝查理五世时期，或者说直到当时基督教世界最强大的皇帝

③ 至少一直到12世纪拜占庭帝国是这样的。自科穆宁王朝（Comnènes）起，拜占庭帝国就向西方王国的模式看齐了。

腓力二世时代，被废弃了许久的继承制才重新被采用。

因此，极端的权力分裂与帝国自然而然拒绝实行的一种极端的法制息息相关。对欧洲的统治者们权力的限制，在他们的同僚以及教会看来，不合常理地使他们的统治权力合法化了，这些人通过恢复与基督教的联合，仍然保持着对帝国的野心。对王权合法性的忧虑因此来自以下两个截然相反的事实：西方世界实际上是个帝国——一个基督教帝国，但是至少从 1250 年起，没人会再接受至高无上的统治的存在。[①] 在中国及伊斯兰世界，帝国出现的时候并不担心合法性的问题，因为除了另一个帝国，没有任何一个法律机构可以评判一个帝国。[②] 国家进行的战争完全无法证明国家是合理的或者神圣的。帝国就这样自然而然地存在着。宗教为权力祝福。

与之相反，在西方世界，用来制衡权力的司法限制

① 甚至自从公元 1000 年刚过奥托王朝（Ottoniens）德意志帝国皇帝们失败之后就开始了。

② 只有在缺少阿萨比亚时，合法化才无从展开：10—11 世纪在阿拔斯王朝、法蒂玛王朝和倭马亚王朝的哈里发之间的斗争亦是如此，这些斗争最终没有任何结果。随后政治宣传捡起了接力棒，比如在 1011 年巴格达的法学家们发表庄严的宣言，怀疑法蒂玛王朝家族家谱的真实性，伊本·赫勒敦曾在他写的《历史绪论》的序中公开嘲笑这一手段。奥斯曼帝国的苏丹们在迎战马穆鲁克骑兵时同样不遗余力地进行宣传。然而背后真实的原因，毫无疑问，是他们准备跨过 15 世纪末分隔伊斯兰帝国主体唯一真实的界线，这道界线立在他们起源的波斯文化世界和以开罗为首都的阿拉伯世界中间。

事实上禁止征服和兼并相邻王国。但是这种限制延伸到了许多臣民身上，而他们其实是受法律保护的。当臣民的生命财产得到保障时，或者说他们拥有武装的权利得到保障时[1]，国王的权力才得到保障。西方的王权在几个世纪期间，一直表现为罗马式的权力，并且与一位领主拥有他的领地具有相同的本质。中国的皇帝和伊斯兰国家的苏丹，与他们的臣民相比，本质上是另一种存在。他们统率的军队，对于国家定居的人口而言是很陌生的，不过是由一些奴隶（douloi）组成的人群（印度莫卧儿王朝称为“ra' iyya”或者“ryot”）。反过来，来自一个部落的阿萨比亚（共同意志）的统治者们，只有真正实现在政治上从草原到归依城市，通过宫廷战争以及通过在几代人的时间内杀死他们的亲族从而带来遗传基因的改变为代价，才能当上皇帝。为他们带来政权的阿萨比亚战争的价值不断减少，帝制的生命因此十分短暂。而欧洲的王朝因受到法律的保护，相对更加长寿。

因此，欧洲的政权对它们的臣民及邻国施加的影响有限，而伊斯兰政权潜在的扩张，除了伊斯兰政权本身以及理论上足够其臣民生存的国库要求这一边界以外，

① 自从14世纪文艺复兴起，臣民的赋税很长时间以来都很轻，政府加强了对他们财产的司法保护，作为对他们解除武装的补偿。托克维尔可能看得比较准确，指责贵族阶级首先放弃了自己的自由，他们为了换取减免赋税，竟同意加强王权。

再没有别的边界了。[1]

正如马克斯·韦伯所说，帝国的君主无须独揽大权，像公司的大股东那样一点一点索取公司的其余部分，后者会像14—18世纪西方诸王采取的行动那样损害自身的高贵。因为，在帝国中，阿萨比亚国家创始人从定义上讲，是一群只为君主政体服务的异族构成的整体，他们无法被分隔，无法清晰显现，而其过着定居生活的臣民严格地固着于极小的一片土地上。一旦资源枯竭，经过一场军事失败或者是一场反抗，他们就完成了族群的更新。帝国中也是这样，君主控制其子民的财富的权力是异常强大的，拥有绝对的、专制的权力。为了国家的利益，没有一个臣民是皇帝不可以消灭或者不可以置于死地的。这就是启蒙时代的欧洲人惊恐地称之为“东方专制主义”的东西。他们只是用错了形容词。这种专制主义，不仅出现在信奉伊斯兰教的印度以及旧中国，在罗马帝国末期和拜占庭帝国的表现也是一样的。[2]

① 我们也可以这么说中国，甚至有更多证据。中国的一切政治举措目的都在于完全控制全部领土。至于伊斯兰帝国，自从蒙古人征服以后，情况就不完全是这样的了。蒙古人自14世纪起建立了一种政治结构，使权力分布在两极，其一是包括印度在内的东部波斯世界，另一部分是很快被奥斯曼土耳其人统治的西部阿拉伯世界。正是在这样的世界中，形成了三大帝国——西部的奥斯曼帝国、东部的伊朗萨法维帝国和印度的蒙古人帝国。

② 游牧民族的“定居化”涉及的人口众多，而且在欧洲突出而多产，这就是说，一种和各个帝国差不多沉重的课税制度，在17、18世纪并没有出现在最

在对照了欧洲的历史和这些帝国的历史后，有必要谈谈两者之间的微妙差异，这至关重要：现代欧洲从对这些帝国的继承中实现了帝国化，这是指在它们的殖民运动中。从我们一直以来对帝国的定义上讲，不列颠的殖民帝国难道不是一个帝国吗？回答是既是也不是。大不列颠王国不能算是一个帝国。尤其是一些帝国的特质，比如孤立性、对文明概括的确定性，都是它缺乏的。在 1914 年，大不列颠是欧洲五个主要列强之一，然而即使是民族主义者中最坚决的人，也很难说服自己相信法国人或者德国人是“野蛮人”，而这正是一个中国人本能地用来形容一个外国人的词语，“野蛮人”也正是一个穆斯林对“不信教者”和“异教徒”——伊斯兰帝国定义中自然而然的宗教属性——的理解。与之相反，我们看到，英国统治下的印度是建立在蒙古帝国的基础上的，而且，更宏观地讲，英国在亚洲的统治霸权可以被看作一个帝国。英国的海外领地，尤其是印度的英国殖民地——在这里英国人学会了享用伊斯兰教统治下印度维齐尔（大臣）世俗的进贡税款——这里的英国

专制的国家，如法国；它通过自由城市（意大利的、德国的、瑞士的）商业利益，间接地满足财富积累的需求，那里是一些很久以来最活跃的银行产生的地方（在佛罗伦萨、热亚那、奥格斯堡、日内瓦等）。关于欧洲整体以及古老的政体，通过与蒙古人的印度和明朝的中国对比，我们可以说，正像阿瑟·扬（Arthur Young）形容的旧制度下的法国那样：社会繁荣，而国家已毁灭。

正是一个帝国。

殖民者们本能地拾起前辈战争贵族的身份与角色，他们不缺少愿为他们效力的生力军——比如印度的锡克人、旁遮普人、帕坦人。法国的殖民帝国效仿英国的殖民措施，有时也走在其前面。拿破仑三世宣布在阿尔及利亚建立一个阿拉伯帝国——使用“阿拉伯”这个词，需要想到阿尔及利亚内部那些在战斗中追随过阿卜杜勒－卡迪尔（Abdal-Kader）的部落。除了扮演摩洛哥王朝的保护者角色以及确保摩洛哥定居民族保守的社会平衡外，利奥泰[①]添加了一种新的法国人的阿萨比亚。正如一些古老的部落，殖民者常常成为极弱小的少数派，淹没在定居人民的海洋中，他们从中学会了如何利用好战民族的权威统治这些缺乏团结和勇气的人群，就像伊本·赫勒敦说过的那样。殖民者对埃及的“费拉”[②]、阿尔及利亚的摩尔人以及孟加拉的小官吏心安理得的蔑视，与锡克人的封建忠诚、阿富汗以及阿特拉斯山脉的柏柏尔人的蛮勇完全并驾齐驱。

① 利奥泰（Louis-Hubert Gonzalve Lyautey，1854—1934），法国政治家、军事家，曾被派往阿尔及利亚、印度支那等地。1912 年，法国吞并摩洛哥后任第一任总督和殖民军司令。他在征服摩洛哥时对地方习俗较为尊重。——校译者注

② “费拉”（fellah），指古埃及文明没落后，依然在尼罗河流域耕作的农民。——校译者注

因此，在欧洲找不到能够席卷广大古代世界的入侵，而这在伊斯兰世界历史中却是如此常见。欧洲拒绝将定居人口和游牧民族分开，同时也拒绝将生产者和强盗分开。在他们的扩张以及征服的过程中，欧洲的历史展现出的是一种令人惊叹的稳定和令人瞩目的节制，至少在欧洲大陆上是这样的——正如我们刚才看到的那样，只有在殖民扩张中，我们才能听到一些帝国的声音。

18 世纪末现代历史开启之后，一切都改变了。法国 1789 年到 1814 年间的政治革命，将施加在欧洲大陆上几个世纪的合理性打个粉碎，这种合理性曾克制住种种政治性事件——甚至在最专横、最有野心的王国里也如此，比如查理五世的王朝或者路易十四的王国。建立在新的阿萨比亚的革命武装基础上的拿破仑帝国（1804—1814 年）[①]，是在整个欧洲建立极其强大的帝国的第一次真正尝试，而这是欧洲自从 8 世纪以来一直拒绝的。拿破仑帝国尽管在破坏古老秩序方面贡献颇多，并发动了一系列战争，预示着 20 世纪世界范围内极可怕的战争，这一帝国依然很快就失败了。

① 一说 1792 年到 1814 年。

尽管有损于民族自尊心，历史学家们仍然不得不承认，法国 1789 年之后的政治革命并不是现代化的根本推动力。相反，我们应该从经济状况极其混乱——更常见、更广泛的称呼是“工业革命”——中寻求现代化的推动力。这场 18 世纪末始于英国的人类异常复杂的物质文明秩序的混乱状况，明显地成为人类历史中最重要的推动力，事实上，它以一种人类过去闻所未闻、从未想过的力度解放了人类财富的生产力，实现了人类财产的倍增。

因此，伊本·赫勒敦理论中至关重要的在生产者和战士之间建立的二分法不复存在，帝国的历史以及帝国的实践实际上（尽管可能是暂时地）走到了终点。伊本·赫勒敦的理论精华在于使下述情况成为必然，即解除武装保证本国居民和平就业的利益，进而推行税收以实现国家繁荣。事实上，从此以后，货物与税收不再是创造财富的仅有来源，甚至已经构不成主要来源。生产者和战士、定居者和游牧部落的区别，在还没有被欧洲历史完全接受的时候，就已经在 19 世纪完全消失了。1870 年到 1914 年之间最常见的场景是：城镇人于 1870 年后在整个欧洲取得广泛的胜利，普选制普及开来，在国家需要的时候可以将生产者和战士的权利与义务结合在一起，1914 年和 1939 年欧洲大多数国家正是这么做的。

早在几十年前，我们就强调要给两次世界大战带给世界的“伤害”以及 20 世纪上半叶世界极权制度一个合适的称呼。托克维尔称社会大众构成的社会为“民主”社会，我们很少想到这种对世界与日俱增的伤害其实与“民主”社会的扩大和胜利直接相关。广大民众被解除武装，是帝国为了生产目标采取的行动，这种做法也随着现代世界的到来消失了。本来对大多数人予以禁止的暴力最终却施及所有人。生产者现在被武装起来，而战争也达到了我们之前从未想到过的规模。中国，尤其是帝国时期，继承了千百年来文化中对武力的蔑视，却在 1949 年迎来了农民起义的第一次真正胜利，这是生产者的一次军事胜利，他们使用的暴力在那时之前依然是被禁止的，这期间，他们经历了一次世界大战，一次国内战争，造成了至少 1 500 万人死亡。然而，帝国之间的这些战争以及其他战争，尽管动员了如此大量的人口，在战场上造成了如此众多的伤亡，并在欧洲造成了如此巨大的破坏，却没有引起无可救药的饥荒或流行病的发生，而这在过去大的民族入侵时期是固有的常态；同时在战争波及最严重的地区也没有出现几代人的人口衰退——三十年战争时期（1618—1648 年）人口大量减少。这点很有意义。从这个意义上讲，这些战争对于现代社会的开启尤其重要。

这所有的一切让人想起马克斯·韦伯关于开启这种发展的“独占合法暴力”的论断。正如所有重要的扎根于集体意识中的箴言，这种表达事实上是临时拼凑起来的。在欧洲历史上，“合法的”“独占的”以及“暴力”在很长时间里是联系在一起的：“合法的”来自古代、中世纪的世界，那时统治者“依靠自己的力量活着”（11—13世纪），比如一个领主代表数千的附庸，开发属于他的土地。在这样一个世界中，稍晚的时候（14、15世纪），统治者在教会和社会团体怀疑的目光中行事，他需要获取他们的赞成来征税或者发动战争。15—18世纪，通过税收的扩大、贵族的“驯化”以及军事力量职业化构成——这主要是作为国家对人民及财产的保障的交换，统治者慢慢获得了对权力的“独占”——“暴力”最终指向巨大的好战能量，后者不再受到工业革命及其政治后果——19世纪民众全面武装——的束缚。欧洲国家自身逐渐游离在帝国机制之外，在1870年到1940年之间达到成熟，“独占合法暴力”这个术语完美地定义了欧洲的国家。马克斯·韦伯的作品（1920年）因此准确地与时代相称。

这种通过“独占合法暴力”对国家做出的令人赞赏的定义，现在如果有人提出来，或许会遭到当代大部分人的抵触：我们如今处在一个排斥暴力的时代，这正是帝国精神的标志之一，因此，我们可能比马克斯·韦伯生活的民众暴力的“民主时代”更接近帝国的精神。

定居的世界

大体上我们可以确认，在近两个世纪里，马克斯·韦伯定义的欧洲国家范式在全世界建立起来，取代了帝国的地位。武装起来的民主国家通常对外部世界具有侵略性，而对内部则十分重视改善公民的生活条件和听取民意，尊重他们的权利（至少原则上是这样）。[①] 相比之下，被取代的帝国本质上是精英主义的，它们与人民疏远，必然在进行决策时采取专制手段，但在处理与蛮族的关系时十分谨慎。帝国爱好和平，不仅因为它害怕与周边部落发生冲突，还因为它根本就放弃了暴力。显然，后者会阻碍课税、城市化，以及帝国以之为目标的繁荣。以蛮制蛮，正如汉朝班超将军征服塔里木盆地那样，是一种来自过去的经验，用的是并不完美的方法，它意味着定居民族不得不解除武装，也是一种目前没有任何帝国能真正成功利用的权宜之计。

民族国家战胜帝国之悖论，则在于国家更好地履行

① 即使是最专制的国家，不论是法西斯主义还是其他主义，都关心人民与群众，并确认自己得到了大多数人的支持。

了帝国自身不能圆满执行之职能。人民武装（通常体现为19世纪下半叶在欧洲得到普及的兵役制度）这一优点使国家可以不再求助于蛮族，并通过其职能逐步消除蛮族的存在。1920—1960年，在苏联、伊朗或土耳其，草原上最后一些游牧民族从广义上讲“被改造成定居”民族了，尽管这一过程不乏暴力。山区的军事阵地为帝国提供种族差异、有益于其军队管理与秩序维持的地方主义，这种地方主义在各地无不在“国家统一”的名义下受到排斥，即便不被消灭，也势力减弱，直至保持沉默。20世纪末，绝大多数人生活在国家治理之下，这在历史上无疑是首次，再也不存在伊本·赫勒敦定义的贝都因式的民族或者部落，即不受控制、完全远离国家的保护或依赖国家的民族或群体。帝国的贝都因式支柱消失了，伊本·赫勒敦的设想也落空了。

“民主”、平民化的欧洲民族国家模式从此在全世界普及开来。矛盾的是，尽管欧洲国家根源卑微，权力也受到限制，却得到了任何帝国都不曾得到的力量，如同20世纪的那些极权政体充分展现的那样。两个世纪以来，科技革命以及财富、人口的巨大增长对人民武装和部落的根除产生了影响，使国家在社会中的地位以难以想象的幅度提高。大约六分之一到七分之一的法国人（美国人也是如此）如今在联邦或地方的国有公共机构中任职。这一矛盾总是值得注意的：新出现的经济体不仅仅依靠税收进行资本的原始积累，并且因此摆脱了对国家财政的直接依赖，国家职能的大幅度膨胀正是通过这种经济体得到实现。伊本·赫勒敦认为的定居化的目的，即安定与繁荣，通过看似相反的手段得到了实现：人民得到解放并可以拥有武器，而不是被解除武装；个人和财产通过国家得到司法保证，而不是通过帝国这个“利维坦”；公民间有着充足的财富实行再次分配，而不是作为臣民承担严苛的赋税。

另一矛盾之处在于，当今世界的定居化是任何帝国都不曾预想到的。两个世纪以来，定居化的潮流不断地涌向哪怕是世界最偏远的地区，如果需要定义其特征及其动因，我们可以用几个词作为象征，虽然这样有些过分简化：“城市化、教育化、人口移转”。

城市化、教育化、老龄化

伊本·赫勒敦认为，是国家创造了城市，帝国的历史总体上证实了这一点。但相反，两个世纪以来，极大推动定居化、增强国家对公民控制的是现代经济，它将人口越来越多地集中于城市，尤其是首都。2005—2010年，城市人口首次在世界范围内成为大多数，农村人口只在南亚和撒哈拉沙漠以南的非洲仍占据主要地位。不过，值得一提的是，正如托克维尔于1835年在美国观察到的那样，我们头脑里至今仍保有的对农村人和城镇人的划分那时就已消失。在那里，大量的物质文化差异、多种方言和多样的社会习俗曾使城乡差异十分显著，如今，城乡之间只存在职业上的不同，这种不同甚至弱于城市里的两个街区或者两种行业之间的差异。托克维尔认为，虽然农村人口占大多数，但美国并不存在农民，因为在全国各地，不论是纽约还是密苏里州，人们得到的信息和操心的事情都是一样的。显然，20世纪的通信方式将这一美国特征带向了全世界，托克维尔这位19世纪的欧洲贵族曾因之而惊讶，称其为“民主”。政治控制的力量，也就是定居化，在许多国家里不再取决于与首都或者中心城市的距离。

定居化很大程度上与教育化联系在一起，在19世纪末到20世纪末之间，这一进程在大多数国家逐渐变得不可避免。学校不仅有利于国家语言的统一，也有利于传播国家创建的传说与神话，武装未来公民与士兵的精神，以及为当时在普通公共教育中还未凸显的职业多样性做好准备。学校还有效地加深了社会纪律的印记，加深了社会主体固定不动的印记，加深了保持安静和考虑集体需求的印记，加深了明智地面对障碍的印记。并且，学校还把持了最普遍的社会成功之路，使之从此成为人们所知的最便捷的成功之路。如今，在全世界大多数情况下，实现人生成功，或者说至少保证衣食无忧，意味着要在学校获得成功。由于任何私营机构都没有能力控制巨大的教育体系，公立、地方、国立或州立的机构确立了固定的控制，这是任何帝国都不曾成功甚至不曾尝试的。今天，不论是哪个政府部门负责控制教育机构，在富裕国家里，3% 至 4% 的活跃人口从事着教育实践与管理，同时，约三分之一的人口，包括儿童、少年和青年，正处于不断延长着的受教育阶段。教书与行医一样，成为发达社会最常见的职业之一。

这两项活动合在一起促成了一个半世纪以来的世界性人口动荡。除了 18 世纪的大清帝国外，经济迅速发展的农业社会人口增长率几乎不超过每年 0.6% 至 0.7%，即一个世纪之内翻一倍，只能偶尔在几代人中大规模地超过这一增长率。这也是罗伯特·福西耶（Robert Fossier）观察到的皮卡第地区（Picardie）12 世纪的人口增长速度，达到欧洲中世纪以来最高人口增长率。在同一时期，中国宋王朝将其臣民数量翻了一倍，但用了三个世纪的时间（950—1250 年）。印度莫卧儿王朝的人口在两个世纪里（1500—1700 年）增长了 70%。

然而，在 19 世纪，世界人口总数翻了近一倍（从

9亿多增加至17亿)，20世纪更是几乎翻了4倍(从17亿到60亿)。生活、营养、卫生条件的改善是很大一部分原因；医疗科技的进步和在对抗疾病上巨大的人力物力投入更是起到了重要作用。大部分情况下，公共医疗得到了全民赞同，而其必要性进一步扩大了国家在社会上取得的控制权。疫苗的普遍推广、第二次世界大战末期以来抗生素的使用，以及在门诊或医院由专业人员经手的分娩，是死亡率显著下降的重要原因，并在1945年到1980年间引起了一场真正的“人口爆炸”。世界人口增长率从1900年的大约每年1%，1950年的1.50%，上升到1970年的约2.10%，达到“人口爆炸”以来的最高值。

当下，不少人持这样一种明确态度：世界人口在增长，并将一直增长下去。然而，这是一种错误的观点。在1970年到2010年之间，人口增长率由2.10%跌至1.15%，低于1950年人口增长的速度。到2050年世界人口增长率预计为0.4%，低于法国现在的人口增长率。1950年到2010年之间，人口生育率由每个女性平均生5个孩子降至2.5个(两三千年以来平均水平)。[①]

这次下降同上一代的人口爆炸同样显著，其“技术”方面的原因是清楚的：避孕措施和绝育手术的普

① 人口出生率在1950年到2010年之间由37‰降至20‰，但死亡率由19‰持续下降到9‰，延缓了人口增长率下降的速度。

及，以及在较小范围内堕胎的增加。对女孩与妇女做的教育和工作也起了很大的作用。然而最重要的因素大概是养孩子的“成本”增加，这是整个东亚生育率下降的一大原因。人们通常将中国的生育率下降归因于 1970 年开始的独生子女政策，到 2010 年，其生育率由每个已婚妇女平均生 5 个孩子下降到 1.64 个。确实，在计划生育政策实施的初期（1975—1990 年），国家的强制行为有些粗暴，但最近 20 年来，这一控制自然地有所放松，因而不再是强制性的。随着国家经济的发展和国民对自身及后代的希望，中国生育率的变化趋势渐同于其周边国家和地区：新加坡、日本、韩国、越南，以及中国的台湾和香港地区。在各地，除了当下的越南，生育率降低到了每个家庭少于 1.5 个小孩，低于欧洲平均水平。并且，除了女孩与男孩一样普遍接受教育、大量采取避孕措施以及自愿绝育，这些地区生育率下降的原因都是一样的：孩子在学校里获得优异成绩的压力，通过知识可以实现社会地位的提升，或者受中国文明影响的亚洲国家重新找到了帝国时期的稳定状态。学校如今成为世界上最活跃的因素，是维持和平、解除武装的计划最积极的继承者。正是学校使工作和智力创造的价值与它排斥的暴力对立起来，正如帝国曾试图做到的那样。

全球化、全球定居化

事实上，在我们眼里，整个人类正在进入一个全球定居化的系统。所谓的“全球化”首先是习俗与社会准则在大范围内趋同，例如城市化的生活模式、人口数量有所缩减的家庭、孩子接受的教育、根据文凭和工作评定的社会成功，最后还有和平。在许多国家，不论是原殖民地还是别处，掌握原宗主国的语言，尤其是英语，都为由水电供应维持着的现代生活带来一种特殊的成功或机遇。[①]

这个共同的做法和共同的话语，经常是用英语术语清晰传递给十分多元又为数众多的人口的，两者同样异常明确地创立了一种定居式的意识和道德观——用伊本·赫勒敦的话来说讲——也就是说，高度的和平主义。

定居化的显著进展已经而且会继续因经济发展与人口增长的放慢而得到加强（有些不合情理），也许21世纪会逐渐回到旧制度下的稳定状态，伊本·赫勒敦的理论也会再次变得十分贴切。如今动摇富裕国家经济根基并即将波及新兴国家的这场经济危机，为我几年前提出

① 无法获取水电供应的人们从此被国际组织划为贫困人口，他们通常居住在乡村地区，其数量占世界70亿人口的七分之一到七分之二，并且这一比例在快速下降，尤其是在亚洲。

的这一论断提供了证明。[①]

高速增长的经济在历经六七代人后回归平稳，这实际上是19、20世纪工业化取得巨大成功的代价。世界经济增长的两三个核心动力本就该在这几十年内逐渐失去能量。[②]首要的也是如今最强大的动力，是新兴国家在生活水平上对富裕国家的“追赶”。与一种不动脑筋的想法认为的相反，三四十年来，也就是中国、拉美国家和印度等国家经济开始突飞猛进以来，世界上生活水平的差距有缩小的趋势，而不是扩大。由于1980年至2010年间每年10%的经济增长，也就是每7年翻一倍的速度，中国的经济总量在30年内翻了15到20倍，与此同时，美国和日本的经济增长不到一倍。通过衡量购买力可以看出，中国人的收入增长比美国人快8到10倍，虽然仍仅为美国人收入的六分之一，是欧洲平均水平的四分之一。但是拉丁美洲（巴西、墨西哥、阿根廷、智利）的收入已经达到了欧洲平均水平的一半，实际上就是欧洲最不富裕的国家波兰、匈牙利、希腊或葡

① Gabriel Martinez-Gros, *Ibn Khaldûn et les sept vies de l'Islam*, Paris-Arles, Sindbad-Actes Sud, 2006, p. 259–262.

② 认为工业革命已经结束的观点不再是禁忌或者不可考虑的。这一观点出现在美国国家经济研究署的罗伯特·J. 戈登的一篇文章里。（罗伯特·J. 戈登：《美国的经济增长结束了吗？》，载《华盛顿邮报》网络版，2012年9月30日，由J. 萨缪尔森在2012年10月8日重新刊登于同一家报纸。）

萄牙的水平。在我们正经历的这场经济危机爆发之前，经济学家们曾预测在2030年到2045年之间，中国国民生产总值将赶上美国。美国的经济衰退似乎会将这一期限提前。

然而，这一衰退反过来也影响到接下来的经济发展。随着工资和收入差距的缩小，最有活力的新兴国家——中国和巴西——失去了在劳动力成本上的优势，不得不放弃或转移一些制造业。中国的经济增长率在2008年到2012年之间由约10%下降到了7.5%。从定义上看，所谓的“追赶”只能暂时发挥刺激作用，它在未来几十年里只能适用于南亚和非洲最贫穷的地区，当一个国家加入富裕国家的行列时，就会停止这一追赶，例如1960年到1990年间的日本、韩国，以及当今或短期内的中国和拉美各国。

至于两个世纪以来经济增长的第二个动力，即人口增长，我们已经看到了它的能量衰减。到2050年，世界人口增长率预计为每年0.4%，并且这一微弱的增长还得以严重的人口老龄化为代价。世界人口总数将在2050年超过90亿，即在40年内增长30%至35%，平均每年增长率0.7%，几乎不高于法国目前的人口增长率。但是，增长的20亿人口中将有一半超过60岁。在2010年到2050年，1945年到1980年人口爆炸时期出生的孩子将逐渐进入老年期，然而随着生育率的下降，以及处于生育年龄的年轻夫妇的减少，年轻人的群体将不可避免地减少。在全球范围内，到了大约2100年，60岁以上的人口与25岁以下的人口将大致持平，而在1975年到1985年之间，后者的数量是前者的5到7倍。①

现代人最大的成功，是死亡率的下降使大多数人能够活到老年时期，这一成功如今却成为一个主要的问题，并且这一问题在将来会变得更加严重。老龄化会限制劳动力，并使消费疲软。许多经济学家预测，由于人口在2030年后会开始减少，中国的经济增长将会长期受到束缚。巴西的情况并无多大不同，生育率同样下降，勉强维持人口的更新（平均每个女性生育1.8个孩子）。甚至在印度也是如此，最多10年或15年就会出现同样的情况。

除此之外，老龄化还威胁到了经济增长的第三个动力：革新和投资。人口老龄化使这一动力不得不依靠老年人的支持以获取发展生产力必需的资源。至少在接下来的一代人中，在人口年龄曲线图发生变化之前，也在中国的财政手段由老龄化人口掌控之前，中国惊人的富

① 这些数据是联合国2012年修正的结果。到2100年，25岁以下人口的数量预计为32.68亿，60岁以上人口为29.80亿。1975年，二者的数量则分别是22.60亿和3.48亿。这些预测通常被认为过于乐观，夸大了2100年年轻人所占的比例。

足和东亚优质的教育体系能向世界保证研究人员与资源的强大支援。美国则已经开始在医治疾病、抵御死亡方面遇到了财政困难。

帝国的复辟?

在这幅图景中，熟悉伊本·赫勒敦的读者会认出帝国统一的情感，通过普遍的定居生活，这种情感几乎遍及全人类。我们还可以看到，在欧洲、美国或者加沙地带的边界上，而且更明显地，在非洲或拉丁美洲的贫民窟的边界上，人们开始处处修建现代“长城”。依然真实的事实是，一个世界帝国的主要特征，即我们在本书开头定义的特征，仍旧没有得到满足。当然，不存在世界性的税收，也不存在全球性的高压政治。权力的工具依然牢牢地掌握在各国政府手中。即使在欧洲，如果我们将其与欧盟成员国的国家预算总数相比的话，布鲁塞尔也仅仅控制极少的款项。

大多数当代人预期或者担心的正是帝国可能会诞生于日益壮大的强国——美国等。“美帝国”是一个司空见惯的隐喻，但这是一个简单的隐喻：美国没有向世界其他国家征收任何制度性贡金，没有行使任何强权来这么做。这个国家确实在谋求更大的世界影响力，但它力求通过和平的方式，即通过定居生活、生产、科学技术、创新、通信，甚至通过文化和娱乐，来获得世界影响力。美国主导的在阿富汗和伊拉克的战争以近两个世纪流行的民主和民族理想为名义，急速走向了失败。[①]很明显，美国等逐渐老去的巨大的生产和消费机器在世界各处都强化了无法抵挡的定居化运动。

与此同时，世界大国能够聚集生产力发达且爱好和平的人民大众，凭此创造出了帝国存在的一个条件。剩下另一个条件，即出现小型的“贝都因式”少数族群，也就是说粗暴而团结的少数族群。全球化从意识形态上侵蚀了民族国家的凝聚力，促成了这一条件的形成。更进一步来说，在一个经济发展迟缓、税收缩减的世界里，国家的重负导致了尤其与伊本·赫勒敦理论相矛盾的结果：一方面公共权力无所不能、无所不在，另一方面边境地带暴力复辟，两方面在同时发展。大多数人在物质层面和精神层面上的解除武装，反过来为发动叛乱、进行劫掠的少数人的出现提供了便利。正是不断加剧的非暴力创造了暴力。

① 众多美国评论员与乔治·W. 布什（George W. Bush）任期时的新保守党意见相左，他们获知的消息没有欧洲的同事那么激进，而他们承认这些新保守主义者中有威尔逊总统隔代继承者。就像威尔逊学说一样，美国的新保守主义被一股孤立主义的两党制浪潮横扫而过，这股浪潮加强了美国正在进行中的定居化。

对伊斯兰运动现状的思考

由于穆斯林中极端分子在威胁我们共同的和平，我们就应当限制伊斯兰运动，甚至排斥穆斯林吗？仔细品读 20 世纪主流社会阶层关于伊斯兰运动的言论后，人们往往会这么认为。特别是，我们从中还会发现对民族国家的一致主义、均质主义［伊斯兰世界称“乌玛”（umma）］的担忧，这种倾向类似于法西斯主义，就像对那些毒害社会而应受惩罚的少数族群的称呼一样。

但是阿拉伯革命的实践，甚至目前多数伊斯兰国家政党相信应当尊重的民主形式，部分地削弱了这些政党的话语权。我们已经指出了这一点：人口的发展变化既是定居化的起因之一，同时也是定居化最明显的征兆之一——因此也是在普遍实践中让多数人归顺的征兆之一。然而伊斯兰世界，与人们有时想象的相反，未能免于从 1970 年开始生育能力整体下降，即使这场运动仅仅是在十几年后在那片土地上推广开来。1980 年到 2010 年间，自摩洛哥到巴基斯坦，平均每个女性生育孩子的数量大约从 6 个降到了 3 个。与世界平均水平相比（每个女性平均生育 2.5 个孩子），伊斯兰中心国家保持的这个优势现在已几乎察觉不到了。亚洲的伊斯兰国家（印度尼西亚和孟加拉国）的人口生育率甚至低于其基督教邻国或印度教邻国（菲律宾或印度）。孟加拉人（或孟加拉的穆斯林）在印度的阿萨姆（Assam）面对的是“部落”居民——英国殖民者和印度官方这样定义；在这些“部落”居民看来，孟加拉人扮演着定居者的角色，就像印度尼西亚的穆斯林在更为基督教化（而且生育力也比较强）的爪哇东部地区的人眼中那样。相反，在萨赫勒（Sahel）地区，在尼日利亚，撒哈拉沙漠南部地区的穆斯林相对于毗邻的基督教徒确实保持着巨大的人口优势。

但是总体而言，撇开非洲的情况不论，多数伊斯兰国家（同样受到伊斯兰运动的吸引）的现实并不符合关于伊斯兰运动的那些言论，今天我们可以仅限于把这些言论列为众多“民粹主义”话语之一，“国际共同体”喜欢做出评判使这些“民粹主义”边缘化，而这些评判不可能提出另一种严肃的学说与我们世界普遍的著名价值观抗衡。

事实上，伊斯兰运动很可能并不会成为21世纪的法西斯主义——仅仅是因为法西斯主义关心的是集结全国的多数人或所有人，法西斯主义是一个很可能已经结束的民主时代的大众意识形态。相反，伊斯兰运动通过它带给反叛的圣战者这个少数群体的意识形态因素而发挥重要影响。近30年以来，由伊本·赫勒敦称之为伊斯兰教逊尼派的达瓦（圣战的“起因”或“号召”）引起的无数暴动横扫伊斯兰世界——在阿尔及利亚、利比亚、埃及、阿拉伯半岛、也门、叙利亚、伊拉克、阿富汗、巴基斯坦、索马里、马里，或者在尼日利亚。表面上看，大部分暴动都失败了。实际上，这些暴动极大地动摇了甚至破坏了国家的统一，而源于独立或者欧洲势力退出后的政体曾竭尽全力构建了国家的统一。① 异端旧势力几乎到处都重新建立起来，而人们原以为这些势力已属于过去，并被废除；而新的“部落”团结一致又拥有武装，已经开始采取行动或在酝酿行动，出现在定居化程度极高的大城市中不受控制的郊区，大城市的人们再一次感受到对蛮族军队的恐惧（蛮族军队在过去的几个世纪里蹂躏过伊斯兰帝国的城市）。

伊斯兰世界不是唯一酿成这类恐惧的因素：只要考虑一下这个例子——拉丁美洲不受控制的地区和犯罪组织如今更加耸人听闻，而且造成了很多人死亡。不管财富在美洲大陆上如何分布不均，这里的贫困程度无可争议地降低了：巴西、阿根廷和墨西哥的人均收入接近南欧和中欧国家的水平，超过了保加利亚或者罗马尼亚的

① 这显然就是我们眼前发生的情况，不但出现在新月沃土上的所有国家（伊拉克、叙利亚、黎巴嫩，甚至土耳其），而且出现在利比亚、也门、索马里、马里，在基地组织活跃的马格里布地区，明天很可能是博科圣地（Boko Haram）所在的尼日利亚，在阿富汗，还可能是在塔利班活跃的巴基斯坦。

人均收入。但同时，美洲大陆的犯罪活动泛滥成灾，势头惊人，谋杀犯罪的比率比美国高出 5 到 15 倍，比欧洲高出 12 到 40 倍。拉丁美洲明显有两块大陆，一块是国家定居化一直很好的大陆，另一块大陆上的国家却从未成功地赢得过大陆的控制权。前者随着定居的和平生活不断推广，异端分子被驱逐到它的边缘地带；而后者则从毒品交易中（更少见的是革命性的游击战）——就像孕育了明朝的起义并获得成功的走私犯和盐贩——找到了构建稳固的部落组织和等级的工具。

依然不变的事实是，伊斯兰世界是世界新的部落化进程中最肥沃的土地之一；新的部落化进程中被解除武装、接受教育、被平定和被征税的大多数人重新瓜分领地和财富，并服从于国家和部落的少数族群——他们在获得定居化领地的控制权之前就对其进行了掠夺。[①] 因此，自相矛盾的是，伊斯兰运动为在世界上恢复帝国提供了条件。

面对所有那些质疑游牧人口（从毒品贩子一直到极端武装分子）缩减以来的世界秩序的人，我们武装好了吗？几乎所有的世界领导人，包括中国和美国这样最重

① 随便列举几个例子：巴基斯坦的“部落区”、阿富汗的河谷地带、马里北部的图瓦雷克圣战活动分子、尼日利亚东北部的博科圣地、伊斯兰运动拥护者，以及索马里海盗，也许还有科特迪瓦阿比让北部的民兵……

要国家的领导人，在拒绝战争方面意见一致，而如果仍然必要的话，会为了达到更精细的定居化而继续战斗：为此投入越来越多的电子技术、信息技术，甚至社会科学一直也是适用的手段，以服务于越来越训练有素的士兵，因此，这些士兵也变得越来越昂贵，人数越来越少。极端武装分子、从事非法交易的商人以及“黑帮团伙”用倾注热血、牺牲、对组织和使命的盲目忠诚以及无畏气概的价值观来反对这些士兵。科学与勇气，智力与捍卫（如有必要通过武力）20世纪民主的教义在公民的神圣形象下联合起来的所有这些本质特性，这两个价值体系如今被极大地分离开来，尽管我们自己都无法说服自己承认这一事实。就此而论，伊本·赫勒敦的世界已经来到我们身边。

致 谢

本书最初的想法归于阿米·博扎尔斯朗（Hamit Bozarslan），其关于暴力的著作促使我重新从暴力的角度来考虑伊本·赫勒敦的思想。2012—2013 年在 IISMM/EHESS（伊斯兰教及伊斯兰世界社会研究所 / 巴黎高等社会科学院）我们分享了激动人心的研讨会，这次研讨会极大地启发了之前许许多多的思考。但是这本书的完成也在很大程度上归功于塞韦林·尼凯尔（Séverine Nikel）的决心和毅力。在这里，感谢所有曾给予这项写作计划信任的人。

我的同事南泰尔（Nanterre）、让 – 米歇尔·萨尔曼（Jean-Michel Sallmann）、弗雷德里克·乌尔雷（Frédéric Hurlet）和埃尔韦·安格勒贝尔（Hervé Inglebert）都曾很高

兴地重读本书，并提出了他们的意见，我对此非常重视。

很多年以来，伊曼努尔·蒂克西埃（Emmanuelle Tixier）和朱利安·卢瓦索（Julien Loiseau）感受到了我对伊本·赫勒敦的热情，并一直分享着这份热情。对我而言，他们的保留意见同他们的赞同接受一直都同样珍贵。

最后，我的太太索菲（Sophie）同意与伊本·赫勒敦分享我们的生活。她以她特有的热情、慷慨和庄严的性格迎接赫勒敦这个入侵者。在对我们现今生活的世界做出敏锐的伊本·赫勒敦式的分析方面，她时常走在我的前面。这本书正是献给她的。